W0345998

PASSIVES EINKOMMEN DURCH DROPSHIPPING

- Die unfehlbare Anleitung zum Erstellen, Vergrößern und Skalieren deines E-Commerce Shops

APO SVALLEY

Apo Svalley SocialMedia
@aposvalley

Erste Auflage 2018

Design: Abdullah Gül
Cover Credits: Abdullah Gül

Disclaimer

Dieses Buch ist allen Menschen gewidmet, die visionär genug sind, um die enormen Chancen zu erkennen, die uns in diesem neuen digitalen Zeitalter geboten werden. Und an diejenigen, die mutig genug sind, Glück nicht nur in ihrem persönlichen Leben anzustreben, sondern auch bezüglich ihrer Finanzen.

INHALTSVERZEICHNIS

Passives Einkommen durch Dropshipping:

- Die unfehlbare Anleitung zum Erstellen, Vergrößern und Skalieren deines E-Commerce Shops

BEGRIFFSERKLÄRUNGEN

Das folgende Werk enthält fachspezifische Online Marketing Begriffe. Um die volle Verständlichkeit des Werkes zu garantieren, lese bitte für einen kurzen Moment folgende Definitionen durch. Sobald du dich im Laufe des Buches intensiver mit der Thematik befasst, werden dir viele Begriffe als selbstverständlich vorkommen.

CONVERSION

Grundlegend definiert „Conversion“ eine bestimmte Aktion, welche vom Kunden durchgeführt wird. Hierzu zählen beispielsweise Käufe, Anmeldungen, oder Webseitenklicks. Im E-Commerce wird der Ausdruck „Conversion“ häufig verwendet, sobald Webseiten-Besucher zu zahlenden Kunden konvertiert werden.

CPC (cost per click)

Der „CPC Wert" beschreibt die Kosten pro getätigtem Klick auf eine Werbeanzeige.

CPO (cost per order)

Der „CPO" Wert wird verwendet, um die Kosten zu ermitteln, welche für die erfolgreiche Akquise eines Kunden (=Bestellung) aufgewendet wurden. Dieser Wert wird errechnet, indem die Gesamtkosten einer Marketingkampagne durch die Anzahl der erhaltenen Bestellungen dividiert wird.

CPM (cost per „mille" = cost per thousand impressions)

Viele Online-Anzeigen werden auf Basis der „CPM" abgerechnet. CPM beschreibt hierbei die Kosten für 1000 Impressionen. Sobald eine Werbeanzeige beispielsweise zum Preis von 10 € an 1000 Leute ausgeliefert wird, beträgt der Tausenderpreis 10 €.

CTR (click-through-rate)

Die „click-through-rate" ist das Verhältnis von Nutzern, die auf einen bestimmten Link klicken, zu der Gesamtanzahl der Nutzer, der diese Werbeanzeige angezeigt wurde. Dieser Wert wird häufig verwendet, um den Erfolg einer Online-Werbekampagne für eine bestimmte Webseite sowie die Effektivität der Kampagne zu messen.

CUSTOMER LIFETIME VALUE

Der „Customer Lifetime Value" gibt an, welchen Betrag ein Kunde über die gesamte Zeit seiner Kundschaft für ein Unternehmen einbringt.

DROPSHIPPING

„Dropshipping" ist ein Geschäftsmodell, bei dem ein Shop Produkte zum Kauf anbietet. Der Shop-Besitzer selbst hält die angebotene Ware nicht vorrätig und ist nicht der direkte Lieferant. Sobald ein Produkt bestellt wird, wird das Produkt von einer dritten Instanz produziert und versendet. Die Lieferung erfolgt dann durch die dritte Instanz, jedoch unter dem Namen des Shops, in dem der Einkauf getätigt wurde.

FACEBOOK ADS

„Facebook Ads" ist ein von Facebook bereitgestellter Werbedienst, welcher basierend auf Nutzeraktivitäten allen Facebook-Nutzern und Online Marketern demografische Informationen, Informationen zur Verwendung von Geräten und Informationen zu Aktivitäten außerhalb von Facebook bereitstellt.

GOOGLE AD WORDS

„AdWords" (Google AdWords) ist ein Werbedienst von Google für Unternehmen, die Anzeigen bei Google und ihrem Werbenetzwerk schalten möchten. Mit dem AdWords-Programm legen Unternehmen ein Budget für Werbung fest. Der Anzeigenservice ist weitgehend auf Keywords und Nutzerstatistik ausgerichtet.

POD (PRINT ON DEMAND)

„Print-on-Demand" ist eine Drucktechnologie und ein Geschäftsprozess, bei dem T-Shirts (oder andere Artikel) erst gedruckt werden, sobald das Unternehmen eine Bestellung vom Auftraggeber erhält. Print-on-Demand konnte sich erst nach dem Beginn des Digitaldrucks entwickeln, da es zuvor wirtschaftlich nicht profitabel war, einzelne Artikel mit herkömmlichen Drucktechnologien zu drucken.

SKALIERUNG

Im Vergleich zu lokalen Unternehmen besitzen Online Shops das Privileg, keine Einschränkung an Besuchern und Kunden zu haben. Außerdem haben sie keine Einschränkungen im Hinblick auf Verkaufstage sowie Öffnungszeiten. Der Begriff „Skalierung" beschreibt hierbei die direkte Proportionalität zwischen Marketingausgaben und generierten Kunden. Durch richtige Skalierungsmethoden erhöht ein Online-Shop Besitzer somit seine Marketingausgaben und zeitgleich sein Gewinn.

SOCIAL MEDIA MARKETING

„Social Media Marketing" ist die Nutzung von Social Media Plattformen und Webseiten, um ein Produkt oder eine Dienstleistung online zu bewerben.

WEBSEITEN TRAFFIC

„Webseiten-Traffic" wurde zunächst als wichtigste Messgröße für die Erfolgsmessung im Web angesehen. Web-Traffic ist die Menge an Daten, die von Besuchern einer Webseite gesendet und empfangen werden.

1 EINLEITUNG

FINANZIELLES SELBSTVERTRAUEN VS. FINANZIELLE FREIHEIT

Finanzielle Freiheit durch Dropshipping. Eine Illusion? Eine Möglichkeit? Oder nichts weiter als eine gut verpackte Marketingmethode? Viele Leute streben nach einem Ziel, was einfach definiert werden kann: „Ich möchte finanziell frei leben und jeden Tag die Aktivitäten ausüben, auf welche ich im Moment Lust habe!"

Doch ist es überhaupt möglich, dieses Ziel im 21. Jahrhundert zu erreichen? Klar und deutlich: Ja, ist es! Wir leben im Moment in einer großartigen Ära für Selbstständige und Unternehmer. Das Internet bietet uns Möglichkeiten, die bis dato nicht einmal existieren. Selbstständige bekommen die Chance, einen Online-Shop zu erstellen und Produkte zu verkaufen, die sie physisch nicht einmal besitzen oder die rein digital sind. Menschen haben das Glück, tausende von Euro im Monat durch tägliche Vlogs zu verdienen. Heutzutage haben wir die nötigen Mittel dafür, Geld verdienen zu können, ohne aktiv anwesend sein zu müssen. Während nur sehr wenige ihr Ziel erreichen und die finanzielle Freiheit erlangen, erfahren Andere hingegen Fehlschläge über Fehlschläge. Doch wo liegt der Unterschied? Wieso werden Reiche immer reicher während Arme immer ärmer werden?

„DAS ZIEL IST NICHT FINANZIELLE FREIHEIT, SONDERN FINANZIELLES SELBSTVERTRAUEN!“

Der Fehler, den viele Leute jahrelang machen, ist das Streben nach dem falschen Endprodukt. Diese Personen suchen nämlich nach der finanziellen Freiheit statt nach finanziellem Selbstvertrauen. Du hast den ersten Schritt bereits gemacht. Ich möchte dir zum Erwerb dieses Werkes gratulieren. Es wird dir nicht nur zeigen, wie du Stück für Stück dein erstes Dropshipping-Business startest und wie du damit innerhalb weniger Wochen Gewinne erzielst. Viel mehr wirst du in diesem Buch lernen, wie du durch deinen ersten Online-Shop dein Denken verändern kannst und eine neue Fähigkeit erlernst. Diese Fähigkeit wird dir zeigen, wie du zum einen deine finanzielle Freiheit für einen Moment erlangst und wie du zum Anderen finanzielles Selbstvertrauen für den Rest deines Lebens erhältst. Anhand dieser Fähigkeit, welche sich Online Marketing nennt, erreichst du deine finanzielle Freiheit. Alles was du hierfür brauchst ist lediglich ein Laptop und eine funktionierende Internetverbindung.

Warum ist finanzielles Selbstvertrauen wichtiger als finanzielle Freiheit?

Laut Robert Kiyosaki, einem US-amerikanischen Geschäftsmann und Bestsellerautor, bist du finanziell frei, wenn dein passives Einkommen deine monatlichen Ausgaben übersteigt. Beispielsweise könntest du als Anfänger innerhalb weniger Monate einen Dropshipping-Shop aufbauen, der dir monatlich 3.000 € Netto ausbezahlt. Wärst du dann finanziell frei? Ja! Aber weitaus wichtiger und gleichzeitig von allen Leuten unberücksichtigt, ist die Tatsache, dass du dir gleichzeitig finanzielles Selbstbewusstsein aneignest.

Mein Name ist Apo Svalley und ich bin hauptberuflich Online Marketer, YouTuber und seit meinen letzten Büchern auch Businessautor. Ich wurde in einem kleinen Dorf in Bayern geboren. Nach meinem Abitur bereiste ich über zwölf verschiedene Länder und übte hierbei die verschiedensten Beschäftigungen aus. Zu meinen vergangenen Jobs zählen unter anderem

Partypromoter in Spanien, Minenarbeiter in Sydney, Weihnachtsmarktverkäufer an der französischen Grenze, Schauspieler auf Kreta und viele andere Jobs, auf welche ich nicht näher eingehen möchte. Auf meinen verschiedensten Social-Media-Kanälen und für meine Freunde sah mein Leben immer aufregend und unterhaltsam aus. Jedoch erhielten meine Freunde zeitgleich ihre Studienabschlüsse und fingen an, für erfolgreiche Firmen wie beispielsweise die „BMW Group" zu arbeiten. Und ich? Kein Abschluss – kein Geld. Ich erinnere mich an die Tage, an denen ich planlos und ziellos nur einen Gedanken hatte: *„Was jetzt? Wie kann ich Geld verdienen?"*

So führte eins zum anderen und ich trat die spannendste und womöglich auch anstrengendste Reise meines Lebens an. Dieses neue Kapitel nannte ich „Online Marketing und der Anfang meiner unternehmerischen Karriere". Im Alter von 20 Jahren entschied ich mich an einem Wochenende dazu, nicht mit meinen Freunden feiern zu gehen, sondern ich blieb zu Hause und surfte im Internet. Ich stolperte über ein Buch mit dem Titel „The Millionaire Fastlane". Der prollige Titel des Buches von „MJ DeMarco" zog meine volle Aufmerksamkeit auf sich. Ich klickte auf den „Bestellen" Button und ging kurze Zeit später ins Bett. Nach einigen Tagen kam das Buch, welches ich längst vergessen hatte, an. Ich warf einen Blick auf die ersten Seiten und fing an, das Buch wortwörtlich aufzusaugen.

Das erste Mal öffnete sich für mich die Tür zu einer finanziellen Welt, über welche ich zuvor nicht einmal nachgedacht hatte. Der Autor des Buches und gleichzeitig selfmade Millionär spricht ganz klar von einer Geschäftsmöglichkeit, welche in den letzten Jahren etlichen Menschen zur finanziellen Freiheit verhalf. Außerdem öffnet dieses Geschäftsmodell all diesen Menschen die Tür zum erwünschten Traumleben: **ONLINE UNTERNEHMEN**.

Doch wie hängt das alles mit Dropshipping zusammen? Ganz einfach. Die erste Geschäftsmöglichkeit, welche ich nach intensivster Recherche ausübte, nannte sich „Dropshipping“. Diese Möglichkeit bringt viele Vorteile mit sich, auf welche im weiteren Verlauf des Werkes näher eingegangen wird. Gleichzeitig bietet diese Möglichkeit allen Unternehmern, welche bis dato wenig bis keine Erfahrung im Online Marketing haben, die perfekte Chance, alle notwendigen Fähigkeiten zu erlernen.

Ich rede in den letzten Wochen sehr oft mit Freunden über finanzielles Selbstvertrauen. Sobald Menschen ihren ersten profitablen Online-Shop aufgebaut haben, der weit mehr als 3.000 € Gewinn verzeichnet, sind sie im ersten Moment finanziell frei. So ging es auch mir. So geht es auch vielen erfolgreichen Online Marketern. Doch der Erfolg geht noch mit einer anderen Lektion einher: Diese Menschen erlernten die Fähigkeit, monatlich mit ihrem Laptop vierstellige Gewinne zu erzielen. Selbst wenn der Umsatz des Online-Shops stocken sollte, besitzen die Online-Unternehmer immer noch die nötigen Fähigkeiten und das Wissen, um weitere Online-Unternehmen erfolgreich aufzubauen. Die Marketingprinzipien sind stets ähnlich. Aus diesem Grund möchte ich diesen Einleitungsgedanken nutzen, um dir klar und deutlich zu zeigen, dass dieses Geschäftsmodell nicht nur eine Möglichkeit ist, dein Nebeneinkommen weiter auszubauen. Es kann viel mehr das Sprungbrett in deine finanzielle Freiheit sein. Falls du einmal schaffst, ein profitables Einkommen durch Dropshipping aufzubauen, kannst du es immer wieder schaffen.

Der Prozess ist immer gleich: Nische auswählen, Online-Shop errichten, Produkte suchen und anschließend testen. Manche Produkte verkaufen gut, während andere Werbeanzeigen für bestimmte Produkte deaktiviert werden müssen. Marketingbudget erhöhen. Gewinne erhöhen.

Jeder einzelne Aspekt wird im folgenden Werk diskutiert. Dieses Buch soll nicht nur als eine Schritt für Schritt Anleitung für deinen ersten profitablen Online-Shop dienen, sondern weit mehr als das. Es soll dir dein finanzielles Selbstvertrauen schenken. Nach jahrelanger Erfahrung im Online Marketing und nach vielen erfolgreichen, aber auch gescheiterten Unternehmen, kann ich dir eine Sache versprechen: Finanziell frei zu leben ist ein Privileg und dieses zu erhalten ist absolut anstrengend! Es dauert seine Zeit. Doch sobald du dieses Ziel erreicht hast, wirst du einen deiner großartigsten Erfolgsmomente verspüren, welche du jemals verzeichnen wirst. Ich schlug mich durch viele verschiedene Lektionen, Niederschläge und Erfolge. Doch jeder Niederschlag hatte seinen Grund. Ich begann viele Fehler. Doch ich gab niemals auf. Jetzt würde ich meine finanzielle Freiheit nie wieder eintauschen wollen. Dieselbe Freiheit möchte ich den Lesern meines Werkes weitergeben. Ich weiß nicht, in welcher finanziellen und persönlichen Lage du dich momentan befindest. Doch eine Sache ist klar: Fast alle Menschen, die in ihrem Leben erfolgreich und glücklich sein wollen, streben nach Erfolg und Reichtum in drei Bereichen.

#1 Beziehungen und Freundschaften
#2 Gesundheit und Wohlbefinden
#3 Finanzielle Absicherung

Mein Leben lang arbeitete ich an mindestens einem dieser drei Bereiche. Ich war in meinen Jugendjahren sehr dünn und mager, woraufhin ich mit dem Gewichtstraining anfing. Im Lauf der nächsten Jahre bekam ich einen sehr guten und trainierten Körper und unterrichtete Personen im gesundheitlichen Bereich. Zu Beginn meiner Volljährigkeit verhielt ich mich sehr schüchtern. Darauffolgend arbeitete ich mehrere Jahre als Partypromoter und entschied mich schließlich dazu, alleine durch die Welt zu reisen. Ich wurde nicht reich geboren und meine finanzielle Situation war am Anfang meines zwanzigsten Lebensjahres sehr schlecht. Ich lenkte meinen kompletten Fokus auf Online Marketing und darf nun mein Leben genießen, ohne jemals wieder für einen anderen Chef arbeiten zu müssen. Ich bin mein eigener Chef. Und genau dasselbe möchte ich auch für dich. Ich möchte dir mit diesem Werk helfen, vollständige Kontrolle über deine Finanzen zu erreichen. Noch eine kleine Lektion am Rande: Geld allein macht natürlich ohne die richtige familiäre und gesundheitliche Situation nicht glücklich, doch es hilft dir auf einem wirtschaftlichen Planeten immens, all das zu machen, was du schon immer machen wolltest. Sei dies eine Reise mit deiner Freundin/ Frau, mehr Zeit mit deiner Familie, ein außergewöhnliches Hobby, Reisen, Ausschlafen oder ganz persönliche Dinge. Lass uns die Reise antreten und zusammen Stück für Stück deinen ersten profitablen Online-Shop durch Dropshipping aufbauen. Lehn dich zurück. Wir reden in den nächsten hundert Seiten über ein Geschäftsmodell, durch welches du deine lang ersehnte Freiheit erhältst. Kannst du sie bereits fühlen? Sie hat schon zu lange auf dich gewartet!

- Apo Svalley, *Dein neuer „Online-Geld verdienen“ Kumpel*

2 DROPSHIPPING GESCHÄFTSMODEL DEFINITION

Im Internet gibt es sehr viele verschiedene Wege, um online Geld zu verdienen. Viele Anfänger springen von Geschäftsmodell zu Geschäftsmodell und erzielen deshalb anfangs nur Verluste. Dies resultiert mit dem Aufgeben der Tätigkeit und negativer Presse. Der Verkauf von physischen Produkten bietet jedoch das perfekte Anfängerbusiness, um deine finanzielle Freiheit online zu erreichen. Bevor wir darüber reden, wie du Zahlungsoptionen aktivierst, Produkte findest und die ganzen zugehörigen Einstellungen konfigurierst, zoomen wir heraus und schauen uns zunächst das Businessmodell „Dropshipping“ genauer an.

Die Geschäftsmöglichkeit des Dropshipping definiert ein Dreiecksverhältnis zwischen deinem Shop, deinen Lieferanten und deinen Kunden. Du selbst besitzt keinen direkten Kontakt zur Ware. Die angebotenen Produkte lagern ausgewählte Großhändler in ihren eigenen Lagern. Im Falle einer Kundenbestellung, versenden die Großhändler alle bestellten Waren direkt zum Endkunden. Dies ist die altbekannte Methode des Streckengeschäfts, welches durch die moderne Wortwahl ersetzt wurde. Eine Investition in Lager oder Inventar ist bei diesem Geschäftsmodell nicht nötig. Der Lieferant liefert direkt unter deinem Namen an deinen Kunden, sobald ein Kauf getätigt wurde.

Dropshipping-Lieferanten sind meistens im Ausland ansässig. Die Meisten von diesen befinden sich im europäischen Raum in Bulgarien oder Spanien. Eine breitere und günstigere Auswahl an Produkten findest du jedoch im asiatischen Gebiet. Höchstwahrscheinlich wirst du künftig nicht nur die Produkte eines einzigen Lieferanten anbieten, sondern die Tätigkeiten von hunderten von Lieferanten in Anspruch nehmen.

Besonders im asiatischen Raum konkurrieren viele Lieferanten untereinander. Dies ist vorteilhaft für Dropshipper. Stell dir vor, du kaufst ein Auto und es gibt hunderte von Anbietern. Diese sind dem direkten Verhältnis gegeneinander ausgesetzt. Dies resultiert damit, dass jeder Anbieter mit niedrigeren Preisen und besserem Service überzeugen möchte. Es gibt weltweit eine unglaubliche Anzahl an Großhändlern, die Dropshipping Verhältnisse eingehen möchten. **Das Finden von Produkten und Großhändler ist absolut kein Problem.** Dein Erfolg im Dropshipping ist von anderen Faktoren abhängig.

3 DIE DREI WICHTIGSTEN VORAUSSETZUNGEN FÜR GEWINNE IM DROPSHIPPING

Für Erfolg im Dropshipping benötigst du lediglich **(1) eine hoch-konvertierende Webseite/ Shop** ausgestattet **(2) mit nachgefragten und innovativen Produkten**. Sende im weiteren Verlauf durch richtiges Online Marketing **(3) viele Besucher bzw. qualifizierte Leads** auf deinen Shop.

(1) HOCH-KONVERTIERENDE WEBSEITE/ SHOP: Dein Shop ist dein Unternehmen. Tätige alle notwendigen Schritte, um deinen Shop so hoch konvertierend wie möglich zu gestalten. Hierzu zählen unter anderem verschiedene Zahlungsmethoden, eine starke Webpräsenz, Vertrauenssymbole und ein mobilfreundlicher Shop. Diese Beispiele werden dir im weiteren Verlaufe des Werkes nähergebracht und du kannst meine Tipps und Tricks übernehmen.

(2) NACHGEFRAGTE UND INNOVATIVE PRODUKTE: Hast du bereits in der Vergangenheit einen Blick darauf geworfen, in welchen Ländern deine alltäglichen Produkte hergestellt werden? In den meisten Fällen findest du auf dem Etikett „Made in China". Produkte mit der „Made in China" Aufschrift galten früher im Alltagsmunde als billig, schlecht verarbeitet und minderwertig. Dieser Slogan beschreibt jedoch seit der Handelseröffnung des Landes für westliche Firmen riesige Stückzahlen und niedrige Herstellungskosten. Doch den meisten Menschen ist mittlerweile gar nicht bewusst, dass ein Großteil der Artikel, die sich in ihrem Zuhause befinden und welche sie tagtäglich benutzen, in China produziert wurde. Wie kommt es zu diesem Wechsel? Viele Konzerne aus China setzen mittlerweile auf Qualität und wollen sich weltweit als Top-Label etablieren. Auf verschiedenen Großhändlerseiten im Netz findet man hochwertige und einzigartige Produkte, hergestellt und versendet aus China.

China: Die neue Weltmacht Nummer Eins?

Hast du bereits von dem Unternehmen „Alibaba" gehört, welches jährlich Wachstumsraten im dreistelligen Prozentbereich aufweist? Der chinesische Großhändler gehört mittlerweile zu den zehn mächtigsten Firmen der Welt und katapultierte den Gründer „Jack Ma" auf die Liste der reichsten Männer. Alibaba ist eine Handelsplattform für Unternehmen. Diese wurde 1999 gegründet. Im Januar 2018 hatte diese Plattform einen Marktwert von über $ 500 Mrd. Die Online-Verkäufe übertrafen bereits 2015 das kombinierte Ergebnis von Walmart, Amazon und Ebay.

Frage Menschen in Europa oder USA nach chinesischer Technologie und die meisten werden immer noch ein abweisendes Lächeln aufsetzen und behaupten, dass China die Heimat der billigen Nachahmer ist. Ich gehörte auch zu diesen Personen. Die entstandene negative Sichtweise wurde jedoch bei meiner ersten Reise in den asiatischen Raum vor ungefähr drei Jahren vom Gegenteil überzeugt. Das Internet arbeitet in Großstädten wie Shenzhen erheblich schneller als das Internet in München. Ein weiterer Punkt, welcher mich überraschte, war das Bezahlverhalten in diesem Land. Wir bewegen uns in Deutschland langsam zu einfacheren Zahlungsverfahren wie PayPal und Kreditkarten hin. Doch ein großer Teil der deutschen Bevölkerung zahlt immer noch mit herkömmlichen Zahlungsmethoden wie Überweisungen und Vorkasse, welche mit mehr Aufwand verbunden sind. Sobald du deinen ersten Dropshipping-Shop veröffentlichst und Produkte verkaufst, wirst du dies schnell bemerken. Ein Großteil der chinesischen Bevölkerung zahlte bereits vor Jahren mit ihren Smartphones über AliPay. Schnell – effektiv – leicht. Alipay ist ebenfalls ein chinesisches Onlinebezahlsystem der Alibaba Group. 5G soll in ganz

China bis 2020 veröffentlicht werden. Während Europa und Amerika im direkten Vergleich zu Asien wenig Innovation vorantreiben, stürmt der asiatische Markt an die Spitze der Technologie. Aktuell entwickelten Tech-Giganten aus China eine Drohne, welche 25 Prozent weniger als das Vergleichsprodukt „GoPro Karma" wiegt. Außerdem fliegt diese Drohne erheblich länger und kostet lediglich einen Bruchteil der amerikanischen Drohne.

Warum erzähle ich dir das? Der asiatische Markt gilt als erste Anlaufstelle für Dropshipping-Anfänger im E-Commerce. Produkte und Artikel aus China sind nachgefragt und vergleichsmäßig sehr billig. Im Netz befinden sich viele verschiedene Anbieter, welche im Verlauf des Buches vorgestellt werden. Diese besitzen qualitativ hochwertige Ware, welche besonders innovativ ist und auf dem deutschen Markt zum größten Teil nicht erworben werden kann. Alternativ kannst du natürlich auch auf europäische Dropshipping-Lieferanten in Bulgarien oder Spanien zurückgreifen.

(3) VIELE BESUCHER BZW. QUALIFIZIERTE LEADS: Wie bekommst du Kunden auf deine Webseite? Einer der wichtigsten Punkte in diesem Geschäftsmodell ist nicht nur das Auswählen von nachgefragten Produkten, sondern ebenfalls das erfolgreiche Vermarkten deiner

Produkte und deines Online-Shops. Das beste Produkt erzielt keinen Umsatz ohne die richtige Vermarktung. Mittlerweile bieten uns die sozialen Medien verschiedene Kanäle, auf denen wir bereits mit einem Werbebudget von 5 € täglich Verkäufe erzielen können. Das Kapitel „Online Marketing“ wird in diesem Buch am Ausführlichsten diskutiert. Dir werden alle nötigen Schritte und Fähigkeiten beigebracht, um als Anfänger profitabel innerhalb von wenigen Tagen deine ersten Verkäufe zu generieren. Gleichzeitig kannst du mit diesen Taktiken und Tipps ein vierstelliges Dropshipping-Unternehmen aufbauen.

4 VOR UND NACHTEILE VON DROPSHIPPING

Wie auch jedes Geschäftsmodell ist diese Möglichkeit nicht rundum perfekt – das ist bereits klar. Sie geht mit Komplikationen einher, hat im Gegenzug jedoch auch **immense Vorteile**. Viele Kritiker und erfolglose Menschen konzentrieren sich primär auf die negativen Aspekte. Diesen solltest du dir als erfolgreicher Unternehmer natürlich auch bewusst sein. Aus diesem Grund werden dir im Folgenden einige Nachteile von Dropshipping nähergebracht.

Warum? Im Laufe meiner Online Marketing Karriere bin ich zunächst von einer Möglichkeit zur

Anderen gesprungen und war stets auf der Suche nach der Besten. Nach einiger Zeit wurde mir klar: Jede Geschäftsmöglichkeit geht mit Vor- und Nachteilen einher. Dasselbe gilt, wenn du dein eigener Chef bist oder wenn du für eine andere Person, die dein Chef ist, arbeitest. Als Arbeiter hast du Vorteile, die du als Selbstständiger nicht besitzt. Hierzu zählen die bezahlten Versicherungen, keine Steuererklärungen am Ende des Jahres und vor allem kein mentaler Umsatzdruck. Doch was ist die Alternative? Die Alternative ist, dein Leben lang für einen Chef zu arbeiten ohne finanzielle und örtliche Freiheit. Stets in deiner vollen finanziellen Entfaltung gehemmt zu sein. Stets mit „angezogener Handbremse“ zu fahren. Als Gegenleistung erhält man dafür die Sicherheit, jeden Monat aufs Neue für seine geleistete Arbeit ausbezahlt zu werden.

Diese Sicherheit fehlte mir anfangs. Ich lebte stets unter mentalem Druck, die nächste Miete und Geld für Lebensmittel zusammenzubekommen. Doch wie ich bereits erwähnte, leben wir momentan in einer der großartigsten Ären, welche jemals für Unternehmer und Selbstständige existierten. Das Internet bietet Möglichkeiten, welche bis dato unmöglich waren. Das Dropshipping von Produkten bietet meiner Meinung nach, das perfekte Einsteigerbusiness in die Welt des Online Marketing. Sobald du monatlich vierstellige Gewinne erzielst und deine finanzielle Freiheit erreicht hast, kannst du dich darauf konzentrieren, deine eigenen Produkte herzustellen und zu verkaufen. Du wirst nicht nur lernen, wie man erfolgreich E-Commerce betreibt, sondern du lernst eine ganze Bandbreite an wichtigen Fähigkeiten, die dir im Laufe deiner beruflichen Karriere weit mehr als die ersten 10.000 € einbringen können.

„Sei dir den Nachteilen bewusst, doch konzentriere dich 99 % der Zeit auf die Vorteile und mache das Beste daraus. Man findet immer „eine bessere Möglichkeit". Die Kirschen im Nachbars Garten schmecken immer süßer."

Nachteil #1: Keine Eintrittsbarriere

Dies ist meiner Meinung nach der größte Nachteil von Dropshipping. Aufgrund der niedrigen Eintrittsbarriere nehmen viele Marketing Anfänger den Online-Shop nicht als „richtiges" Unternehmen wahr. Würdest du einen Einzelhandel, in welchen du 10.000 € investiert hast, nach sieben Tagen aufgeben und eine neue „bessere" Geschäftsmöglichkeit antreten? Das Veröffentlichen von einem kompletten Dropshipping Online-Shop benötigt nur wenige Stunden. Danach ist dieser voll funktionsfähig. Du kannst dich sogar für die ersten Wochen deines Hostings völlig kostenlos anmelden. Viele springen nun auf: „Das ist doch ein Vorteil?!"

Meiner Meinung nach ist dies sowohl ein Vorteil, aber auch gleichzeitig ein riesiger Nachteil. Lediglich zwei Prozent der Online-Shops weltweit erzielen hohe Umsätze. Die restlichen 98 % haben bereits aufgegeben. Was unterscheidet die 2 % von den restlichen 98 %? Die 2 % behandeln ihren Online-Shop wie ein richtiges Unternehmen. Das heißt klare Arbeitszeiten, Regeln und Strukturen.

Nachteil #2: Qualitätsmangel mancher Produkte / Fehler von Lieferanten

Du wirst anfangs eine große Bandbreite an Produkten testen müssen, um die Nachfrage deiner Zielgruppe definieren zu können. Aus diesem Grund kannst du nicht alle Produkte zu dir nach Hause bestellen, sondern musst einzig und allein auf Bewertungen und auf deinen ersten Eindruck des Händlers vertrauen. Später kannst du natürlich alle Produkte, welche sich gut verkaufen, genauer unter die Lupe nehmen und zu dir nach Hause bestellen. Als örtlich freier Unternehmer ist eine hohe Retourenquote eine Plage.

Nachteil #3: Einkaufspreis einzelner Artikel teurer

Artikel, welche einzeln an Kunden ausgeliefert werden, sind teurer, als eine größere Bestellung beim Großhändler.

Vorteil #1: Wenig Risiko und kostengünstiger bzw. verhältnisweise leichter Einstieg in die Selbstständigkeit

Da du dir nun im Klaren bist, welche Nachteile das Dropshipping hat, fokussieren wir uns auf die Vorteile. Du bist im Voraus nicht dazu gezwungen, Inventar zu kaufen. Somit hast du kein Risiko, auf der gekauften Ware sitzen zu bleiben. Viele lokale Unternehmen machen den Fehler, ein Produkt in Massen zu kaufen, bei welchem sich später herausstellt, dass das Produkt nicht nachgefragt wird, obwohl dieses Produkt all deinen Freunden gefällt. Du benötigst für deine Produkte kein eigenes Lager. Produkte, welche nicht vom Markt nachgefragt sind, gehen zu Lasten des Lieferanten. Als Einzelhändler müsstest du zuvor deinen eigenen Laden renovieren und alle Produkte im Voraus bestellen, ohne zu wissen, ob diese Produkte überhaupt nachgefragt werden. Außerdem musst du dich nicht um Lagermanagement, Miete, Packen/ Verschicken der Ware, Inventuren, Bestandsbuchführungen, Bestandsbeschaffungen uvm. kümmern, sondern kannst deinen ganzen Fokus darauf lenken, Umsatz zu generieren und Produkte zu verkaufen.

Solange ein Produkt keine Verkäufe generiert, ist es kein gutes Produkt. Im weiteren Verlauf werden dir

Taktiken vorgestellt, mit denen du verschiedene Artikel testen kannst. Mittlerweile sehe ich viele Produkte als neutral an und lasse den Markt darüber entscheiden, ob dieses Produkt nachgefragt ist oder nicht. Erfahrungsgemäß stellten sich bei mir und bei vielen anderen Anbietern einige Produkte als begehrte Artikel heraus, von welchen man niemals gedacht hätte, dass diese Artikel verkauft werden können. Aus diesem Grund gilt: Es ist nur ein gutes Produkt, wenn es Verkäufe generiert und deinen Umsatz steigert.

Vorteil #2: Komplett automatisiert

Ein weiterer großer Vorteil des Dropshippings ist die komplette Automatisierung deines Online-Shops. Somit hast du nicht nur finanzielle Freiheit, sondern auch ein regelmäßiges passives Einkommen.

Ich erinnere mich hierbei immer an meine ersten Gewinne mit Dropshipping zurück: Ich sah zusammen mit meiner Freundin den Film „Fifty Shades of Grey 2“ und bezahlte zuvor für beide Karten, Jumbo Popcorn und eine große Cola (Ich liebe Snacks über alles während einem guten Film!). Als der Film zu Ende war, deaktivierte ich den Flugmodus meines Smartphones und erhielt zeitgleich eine Benachrichtigung. Ich verdiente ungefähr 50 €, während ich einen Film angesehen habe! 50 Euro! Du kannst dir sicherlich vorstellen, wie meine Stimmung im weiteren Verlauf des Abends war. Ich sprang aus allen Wolken. Ich fing an, an das Geschäftsmodell zu glauben und arbeitete härter als jemals zuvor. Eine andere Geschichte erwähnte ich bereits in einem anderen Buch von mir: In meinem ersten Jahr erzielte ich während einer Trainingseinheit von zwei Stunden einen Gewinn von über 200 € online. Dies sprengte all meine Erwartungen. Doch vor allem am Anfang erhielt ich diese Gewinne nicht auf konstanter Basis.

Die altbekannte Bergsteiger Analogie

Du packst deine Tasche und machst dich auf die Reise, einen riesigen Berg zu besteigen. Der Weg nach oben ist jedoch mit Hindernissen vollgepackt. Oftmals siehst du für eine kurze Zeit die Spitze, welche anschließend wieder von Wolken bedeckt sein wird. Du kletterst weiter nach oben. Tage vergehen - Wochen vergehen - Monate vergehen. Es ist schwierig, doch du arbeitest Tag für Tag an deinen Online Marketing Fähigkeiten und an deinem Dropshipping-Shop. Du erreichst dein Ziel. Die Aussicht ist fabelhaft. Du fühlst dich frei. Du fühlst dich mächtig.

Online-Unternehmen benötigen viel Arbeit im Voraus und bezahlen dich dann im Gegensatz zu regulären Jobs auf konstanter Basis, nachdem du die Arbeit erledigt hast. Die Bergspitze ist hierbei deiner finanziellen Freiheit gleichzusetzen. Sobald du deine ersten erfolgreichen Werbekampagnen startest und deine Produkte ohne aktiven Zeitaufwand verkaufst, erreichst du ein Ziel, welches sich finanzielle Freiheit nennt. Danach gilt: Mehr vom Selben. Mehr Produkte. Mehr Werbeanzeigen. Mehr Produkte heraussuchen, hochladen und bewerben.

Ich veröffentlichte meinen Shop bereits zuvor, meine Werbeanzeigen waren aktiv und mein Shop arbeitete durchgehend für mich. Sobald du eine erfolgreiche Werbekampagne für ein Produkt besitzt, benötigt diese sowohl für das Regulieren als auch für das Versenden der bestellten Produkte wenig Zeitaufwand. Online Werbekampagnen senden in jeder Minute des Tages potentielle Kunden auf deinen Shop. Die Aktivitäten der Kunden kannst du bei professionellen Anbietern live mitverfolgen. Eine Zeit lang gab ich meinem besten Freund das Passwort für meinen Shop, sodass wir live das Verhalten unserer Kunden mitverfolgen konnten. Ich habe vor kurzem einen Screenshot gefunden, welchen wir anfangs machten.

www.aposvalley.de/livesells

Vorteil #3: Riesige Produktauswahl

Da du die angebotenen Produkte nicht selbst auf Lager hältst, kannst du eine unendlich riesige Bandbreite an Produkten ohne zusätzliche Kosten online stellen und ein beliebig großes Sortiment aufbauen. Für einen klassischen Einzelhändler stellt sich immer die Frage, wie viel Kapitel er für das Kaufen von Inventar ausgeben möchte. Diese hohe Investition ist meistens in direkter Verbindung mit Sorgen. Außerdem muss jedes Produkt im Lager untergebracht werden. Für Dropshipper ist dieses Problem völlig fremd. Diese genießen die völlige Freiheit, eine unendlich große Bandbreite an Produkten in ihr Sortiment aufzunehmen.

Vorteil #4: Selbstbestimmung der Gewinnmarge und individuelles Branding

Ein weiterer Vorteil ist die Selbstbestimmung deiner Gewinnmarge. Du kannst jedes Produkt individuell hoch vermarkten. Falls deine Marke einen professionellen Eindruck macht, kannst du deine Produkte zu einem zehnfachen Einkaufspreis anbieten. Ein gutes Beispiel hierfür ist Kylie Jenner, eine US-amerikanische Reality-TV-Teilnehmerin, Unternehmerin und Model. Vor wenigen Monaten eröffnete sie einen Online-Shop für Kosmetik. Ähnliche Produkte wie die, die sie in ihrem Shop anbietet, kosten bei chinesischen Anbietern nur wenige Euro. Was heißt das für angehende Dropshipping-Unternehmer? Die hohen Gewinne erzielst du durch die richtige Markenpositionierung deines Online-Shops.

Vorteil #5: Standortunabhängigkeit

Dein Dropshipping-Unternehmen kann von überall gesteuert werden. Das Einzige, was du benötigst, ist ein Laptop, eine funktionierende Internetverbindung und die richtigen Online Marketing Fähigkeiten. Insofern du noch keine virtuellen Assistenten für Kundensupport und für das Versenden der Ware angestellt hast, benötigst du lediglich eine Plattform, um mit Kunden und

Lieferanten zu kommunizieren. Das einzige Hindernis, dein Unternehmen am Strand von Thailand aufzubauen, wären die Retouren deiner Kunden. Doch mit einer klar strukturierten und durchdachten Retouren Richtlinie stellt dies ebenfalls kein Problem dar. (Mehr dazu im Kapitel „Retourenmanagement")

FAZIT

Ich schätze, dir ist aufgefallen, dass Dropshipping das perfekte Geschäftsmodell ist, um mit E-Commerce und Online Marketing anzufangen und um sich ein passives Einkommen aufzubauen. Die Vorteile überwiegen natürlich immens. Sobald ein Produkt sehr gut verkauft, kann man darüber hinaus viele Nachteile eliminieren, indem man das Produkt in hoher Anzahl vorrätig kauft und zu Hause lagert. Dadurch erhöht man den Gewinn, verringert die Lieferkosten und bestimmt selbst über Qualität. Dies sind jedoch Wege, die erst relevant werden und zur Verbesserung deines Online-Shops beitragen, sobald du tägliche Verkäufe erzielst. Bis dahin gilt: Erstelle deinen ersten Shop, lerne Online Marketing und genieße dein zusätzliches Einkommen ohne jegliches Risiko.

5 E-COMMERCE: T-SHIRTS ODER DROPSHIPPING

In den vorangegangenen Kapiteln wird Dropshipping als die optimale Möglichkeit angesehen, Online-Umsatz zu erzielen. Viele von euch, die meine Videos auf YouTube mitverfolgen oder meine anderen Bücher zum Thema „Online Geld verdienen" gelesen haben, fragen sich jedoch nun:

„Aber Apo! In deinem anderen Buch gibst du mir dieselben Informationen über den Verkauf von T-Shirts?! Dropshipping oder der Verkauf von T-Shirts? Mit welchem Geschäftsmodell soll ich anfangen? Welches ist besser, um so schnell wie möglich die finanzielle Freiheit zu erreichen?!"

Bevor wir diese Thematik diskutieren, wird vorher das Geschäftsmodell „Print on Demand" bzw. der Online-Verkauf von T-Shirts genauer definiert. Ich hoffe, du kennst nach dem Lesen des nächsten Kapitels die richtige Antwort auf die folgende Frage:

„DROPSHIPPING ODER DER VERKAUF VON T-SHIRTS? MIT WELCHEM GESCHÄFTSMODELL FANGE ICH AN?!"

DEFINITION: Print on Demand

„Print-on-Demand" ist eine Drucktechnologie und ein Geschäftsprozess, bei dem T-Shirts oder andere Artikel erst dann gedruckt werden, sobald das Unternehmen eine Bestellung vom Auftraggeber erhält. Print-on-Demand konnte sich erst nach dem Beginn des Digitaldrucks entwickeln, da es zuvor wirtschaftlich nicht profitabel war, einzelne Artikel mit herkömmlichen Drucktechnologien zu drucken.
Im übertragenen Sinne ist der Online-Verkauf von T-Shirts durch die Print on Demand Technologie ähnlich aufgebaut. Bevor ich mich dazu entscheide, T Shirts zu verkaufen, suche ich mir eine Druckerei in Deutschland/ Europa. Diese soll meine Shirts mit individuellen Designs einzeln bedrucken, sobald eine Bestellung meiner Kunden eingeht.

Die Wunschdesigns meiner Kunden lasse ich von einer Designerin aus Bulgarien gegen einen Preis von $ 25 pro

Stückdesign anfertigen. Sie sendet mir die fertige Photoshop-Datei inklusive einem Beispielshirt. Nachdem ich das fertige Design hochgeladen habe, können meine Kunden die veröffentlichten T Shirts, Longsleeves, Pullis, Tassen oder Poster erwerben. Die Designs können Motive und Sprüche mit dem Aufdruck „Ich liebe meinen Hund" bis hin zu Pullis bedruckt mit der Aufschrift „Bitcoin" sein. Sobald ein Kauf im Shop eingeht, wird eine automatische Benachrichtigung an mich und an meine Druckerei versendet. Diese liefert das fertige Shirt unter dem Namen des verkaufenden Shops innerhalb von wenigen Tagen an den Kunden. Wie auch im Dropshipping-Business, musst du keine Produkte selbst drucken, verpacken oder versenden. Du kannst deine kompletten Zeitkapazitäten in den Verkauf von Produkten, welche du noch nicht einmal vorrätig besitzt, investieren. Erkennst du die Gemeinsamkeiten? Du besitzt die Möglichkeit, eine **virtuelle Photoshop-Datei** in ein **virtuelles T-Shirt** zu verwandeln und damit **online Geld zu verdienen**. Aus diesem Grund wird dieses Geschäftsmodell manchmal auch „T-Shirt Dropshipping" genannt.

GLEICHZEITIG VORTEIL #1 UND NACHTEIL #1: DU KREIERST DEINE EIGENEN PRODUKTE

Im letzten Kapitel wurde darüber gesprochen, dass jedes Geschäftsmodell mit Vor- und Nachteilen einhergeht. Wir zoomen erneut heraus und betrachten die Vor- und Nachteile objektiv.

VORTEIL #1 - EINZIGARTIGE PRODUKTE SPEZIELL FÜR EINE ZIELGRUPPE

Bevor du die Kreierung eines Designs in Auftrag geben kannst, benötigst du eine potentielle Zielgruppe für dein Shirt. Der Einfachheit halber gehen wir von einer Zielgruppe aus, die verrückt nach Katzen ist. Du kennst deine Zielgruppe exakt. Nun kannst du für diese ein T-Shirt designen, was mit deinen potentiellen Kunden korrespondiert. Sobald deine Kunden das Katzenshirt sehen, ist diese Zielgruppe gewollt, das Shirt zu kaufen. Somit bekommst du die Möglichkeit, einzigartige Designs, welche nur in deinem Shop erhältlich sind, kreieren zu lassen und deinen Kunden anzubieten.

GLEICHZEITIG NACHTEIL #1 – ERHÖHTER ZEITAUFWAND FÜR DAS DESIGN

Die Kreierung eines einzigartigen Designs ist gleichzeitig ein Nachteil. Beim Dropshipping wählst du verschiedene Artikel, welche deiner Zielgruppe gefallen könnten, aus einem riesigen Pool an Produkten aus und veröffentlichst diese in deinem Shop. Für diesen Vorgang ist es nicht nötig, Geld in die Erstellung des Produktes zu investieren. Du kannst den Artikel stattdessen direkt in deinem Shop hochladen. Beim Print-on-Demand hingegen musst du zuvor einen Designer kontaktieren und dein Wunschdesign kreieren lassen.

VORTEIL #2: GÜNSTIGE LIEFERANTEN AUS DEUTSCHLAND/ EUROPA

Es gibt eine unglaubliche Anzahl an Druckereien in Deutschland. Verteilt in Europa findet man auch Druckereien, die die Produkte zu günstigeren Preisen drucken und an die Kunden versenden. Da deine Shirts einzigartig sind, kannst du pro verkauftem Shirt Lieferkosten von bis zu 28 € verlangen, wobei die Herstellungs- und Lieferkosten pro Shirt ca. bei 11 € liegen. Dabei wird nicht berücksichtigt, dass viele Kunden mehrere Shirts kaufen oder sich für Longsleeves und Pullis entscheiden. Bei diesen liegt die Marge sogar noch höher. Außerdem dauert die Lieferung zum Kunden nur wenige Tage.

NACHTEIL #2: KOSTEN FÜR DAS DESIGNEN VON NEUEN SHIRTS

Insofern du keine Photoshop-Fähigkeiten besitzt, muss jedes Shirt individuell designt werden. Hierfür ist empfehlenswert, einen Designer für $ 20 – 30 pro Design anzustellen, welcher qualitativ hochwertige Arbeit leistet. Ich sehe viele Konkurrenten, die auf unqualifizierte Designer zurückgreifen und somit nur wenige Euro pro Design investieren. Doch die Qualität und die erzielten Verkäufe leiden vehement darunter. Hier zählt: Klasse statt Masse.

Ich möchte das ganze Buch über ehrlich mit dir bleiben und dir keine falschen Vorstellungen mit auf deinen

Weg geben. Im vorangegangenen Kapitel hast du über die Vor- und Nachteile des Dropshippings gelesen. In diesem Kapitel wurde Dropshipping mit einem ähnlichen Geschäftsmodell „Print on Demand" verglichen und diskutiert. Doch welches Geschäftsmodell ist nun besser für einen erfolgreichen Start?

DIE ANTWORT: WELCHES GESCHÄFTSMODELL IST BESSER?

„INTEGRIERE UNBEDINGT DROPSHIPPING UND AUCH PRINT ON DEMAND IN DEINEN ONLINE-SHOP!"

Die Antwort ist simpel. Keine Frage – beide Geschäftsmodelle sind unglaublich einzigartig und äußerst profitabel! Hast du mit dieser Antwort gerechnet? Du kannst deine Umsätze erhöhen, indem du beide Geschäftsmodelle in einem Online-Shop vermischst. Du kennst deine Zielgruppe ganz genau und weißt, welche Produkte verkauft werden können. Ausgehend von deiner Erfahrung kannst du individuelle Shirts leicht designen lassen und deinen Kunden mitanbieten.

Ich bin zutiefst dankbar, dass ich vor wenigen Jahren auf die Geschäftsmöglichkeit des Dropshippings gestoßen bin und wenige Monate später auch auf Print on

Demand. Ich baute binnen weniger Wochen und Monate einen profitablen Dropshipping-Shop auf und lernte die wichtigsten Fähigkeiten, um online Gewinne verzeichnen zu können. Kurze Zeit später wurde ich durch ein bezahltes Dropshipping-Coaching, welches ich von einem amerikanischen Mentor buchte, auf einen Gastsprecher aufmerksam. Dieser stellte „Print on Demand“ vor und erzählte, wie er durch den Verkauf von Katzen T-Shirts, Pullis, Tassen, Postern uvm. einen siebenstelligen Umsatz pro Monat erzielte. Der Gastauftritt ging über drei Stunden und ich saugte wortwörtlich jede Information auf. Wenige Stunden später begab ich mich auf die Suche nach einem Print on Demand Anbieter in Deutschland. Meine angebotenen Dropshipping Artikel fangen bei 50 € an. Viele kosten weit mehr als das. Neben diesen Artikeln implementierte ich verschiedene Shirts, Longsleeves und Pullis. Ich machte, da ich zuvor auch mit Dropshipping Umsätze erzielte, ziemlich leicht meine ersten Verkäufe. Meine Kunden kauften nicht nur Dropshipping Artikel, sondern auch Print on Demand Ware und waren positiv überrascht, dass in meinem Shop nun auch nischenspezifische Kleidung zu finden war.

Doch wie konnte ich Print on Demand innerhalb von nur wenigen Tagen umsetzen? Ich lernte zuvor monatelang, einen profitablen Dropshipping-Shop zu erstellen. Abgesehen von der Produktkreierung blieb jeder einzelne Aspekt gleich. Das angewandte Marketing war identisch, die Skalierungstechniken waren gleich und der Automatisierungsprozess war ähnlich.

Fazit: Sobald du lernst, einen Dropshipping-Shop profitabel aufzubauen, bist du automatisch dazu in der Lage, mit wenigen Weiterbildungen dein Produktsortiment durch das Anbieten von einzigartigen Shirts zu erweitern. Die Marketingprinzipien sind weitgehend gleich, sodass dir das erfolgreiche Vermarkten von Shirts ziemlich leicht vorkommen wird. Im weiteren Verlauf lernst du, einen Dropshipping-Shop profitabel aufzubauen. Falls du später deine Produktpalette erweitern möchtest, empfehle ich dir www.aposvalley.de/buecher zu besuchen oder auf das Bonuskapitel „Profit erhöhen durch zusätzlichen Verkauf von T-Shirts“ zu warten.

6 SIEBEN GEHEIMNISSE FÜR DEINEN DROPSHIPPING ERFOLG

GEHEIMNIS #1: MILLIONEN DOLLAR MINDSET – AKTIONEN STATT RESULTATE

Wie in jedem Geschäftsmodell spielt dein Mindset eine unglaublich wichtige Rolle. Im vorherigen Kapitel erwähnte ich, dass du bei anhaltendem Gewinn in einem Dropshipping-Shop ohne viel Aufwand weiterhin profitable Kampagnen mit T-Shirts starten kannst. Doch weswegen ist dies der Fall? Das Schwierige am Dropshipping ist das Erlernen des richtigen Mindsets für Online-Unternehmer. Hierzu zählen in erster Linie fachspezifische Fähigkeiten, Disziplin und Arbeitseinstellung. Um wie viele Produkte erweiterst du deinen Shop täglich? Hältst du dich an deinen Zeitplan? Wendest du jeden Tag etwas Neues in deinem Shop an? Am Anfang ist es nicht wichtig, wie viel Geld du verdienst, sondern ob du täglich neue Dinge dazulernst, deine Disziplin einhältst und **den Fokus auf deine Aktionen** statt auf deine Resultate lenkst. Du hast heute 5 Produkte veröffentlicht und getestet? Glückwunsch – dies war ein erfolgreicher Tag!

Es gibt einen Grund, dass erfolgreiche Unternehmer ihr Vermögen Tag für Tag steigern. Sie haben *das Spiel verstanden und verinnerlicht*. Man könnte das ganze Vermögen von erfolgreichen Online Marketern „stehlen". Wenige Wochen später würden sie erneut Geld verdienen. Mit ihrem Mindset und dem Wissen könnten sie innerhalb von kurzer Zeit ein profitables Unternehmen aufbauen, welches ihnen erneut ihre finanzielle Freiheit schenkt.
Ich konzentrierte mich anfangs nicht auf die erlernten Fähigkeiten, sondern einzig und allein auf die erzielten Resultate/ das verdiente Geld. Sobald du als angehender Unternehmer deinen Fokus auf das verdiente Geld richtest, anstatt auf deine Aktionen und Lektionen, befindest du dich in einer Abwärtsspirale.

„Menschen überschätzen, was sie in wenigen Monaten machen können. Doch sie unterschätzen, was in wenigen Jahren möglich ist."

Keine Angst. Du musst nicht mehrere Jahre Online Marketing betreiben, um deine finanzielle Freiheit zu erlangen. Online-Handel ist mit Abstand einer der größten Märkte, in den du als Anfänger momentan sehr leicht einsteigen kannst. Die möglichen Resultate sind gewaltig und sprengen jegliche Erwartungen. Sobald du jedoch anfängst, dem Prozess zu vertrauen, wirst du ziemlich schnell dein Ziel erreichen. Online Marketing kann dich finanziell unabhängig machen, allerdings musst du gleichzeitig hart an deinen Zielen arbeiten.
Gib dir die nötige Zeit, das ganze Geschäft zu lernen und bilde dich Tag für Tag weiter. Mache dir am Anfang nicht zu viel Druck. Könnte ich noch einmal zum scheiternden Apo am Anfang seiner Online Marketing Karriere zurückkehren, würde ich ihm diese Worte sagen: „Apo, du musst unbedingt lernen, dich zu entspannen und dem Prozess zu vertrauen. Resultate in Form von Geld werden kommen. Arbeite hart weiter und lerne jeden Tag. Deine täglichen Aktionen sind dein neuer Maßstab für Erfolg – nicht die Resultate!"

Das ist zwar ziemlich spirituell für einen Online Marketer, jedoch haben mich die Meditationen in Indonesien für mein Leben geprägt. Klingt absurd, entspricht aber der Wahrheit. Gebe jeden Tag dein Bestes, lerne täglich dazu und fokussiere dich auf deine Aktionen statt auf die Resultate. Das wird dich auch in Zeiten, in denen nichts nach Plan läuft, langfristig motiviert halten.

GEHEIMNIS #2: RICHTIGE ERWARTUNGEN

Viele Leute starten Dropshipping mit falschen Erwartungen. Oft kalkulieren Sie ihren möglichen Gewinn ausgehend von YouTube Videos und vergleichen sich unterbewusst an erfahrenen Marketern. Ich war anfangs von YouTube Videos geblendet. Hinter erfolgreichen Dropshippern, die sechsstellige Umsätze generieren, steckt jahrelange Arbeit. Ich wollte nicht verstehen, dass jeder Dropshipper klein angefangen hat und nicht sofort mit dem ersten Shop erfolgreich wurde. Außerdem hatte ich falsche Erwartungen an meine Werbeanzeigen, da ich meinen potentiellen Gewinn nicht ausgerechnet habe. Ein verkauftes Hundebett generierte mir einen Gewinn von über 20 €, wobei ich die Werbeanzeigen hierfür unter 10

€ deaktivierte. Ich hatte nicht nur noch einen Freiraum von 10 €, sondern ich verstand ebenfalls nicht, dass Werbeanzeigen Zeit benötigen, bis sie sich selbst optimieren. Setze dir realistische Ziele und fokussiere dich darauf, dir alle notwendigen Fähigkeiten anzueignen. Die meisten Dropshipper generieren in den ersten Wochen keinen vierstelligen Umsatz. Nur die Wenigen, die es doch schaffen, wenden das nächste Geheimnis an.

GEHEIMNIS #3: WER MEHR TESTET, GEWINNT

„More is more."

Dies ist eine einfache Weisheit, doch eine der wichtigsten Lektionen im Leben. Die Person, die mehr Produkte veröffentlicht und testet, setzt am Ende des Tages mehr Umsatz um. Folgendes Szenario: Person A veröffentlicht jede Woche ein Produkt. Person B veröffentlicht hingegen jede Woche drei Produkte. Am Ende des Jahres hat Person A 52 Produkte veröffentlicht, welche ihm potentiell Geld einbringen können. Person B hingegen besitzt drei Mal so viele Artikel in seinem Shop. Die Mathematik ist ganz einfach: Person B wird stets das bessere Resultat erzielen. Natürlich unter der Voraussetzung, dass die Qualität der angebotenen Produkte und die Marktrecherche ähnlich ist. Nach dem Veröffentlichen weniger erfolgreicher Produkte wird er das Geschäftsmodell besser verstehen und wird sogar die Qualität und das Marketing seiner angebotenen Produkte verbessern. Nachdem du deine ersten Produkte erfolgreich verkaufst, wird sich ein Muster bilden. Du wirst verstehen, welche Artikel nachgefragt sind und welche nicht. Einfache Regel: **Teste mehr Produkte und du wirst schneller erfolgreich.**

GEHEIMNIS #4: DIE 95/5 REGEL

Hast du bereits vom Pareto-Prinzip gehört, welches besagt, dass 80 % deiner Resultate von 20 % deiner Aktivitäten stammen? (Buchempfehlung: „The ONE Thing" von Gary Keller). Beim Dropshipping kannst du sogar damit rechnen, dass 90 % deines Umsatzes von 10 % deiner Produkte generiert wird! Doch wie kannst du Profite erzielen, wenn 90 % der Produkte wenige bis keine Sells generieren? Ein nachgefragtes Produkt kann durch richtiges Skalieren der verschiedenen Werbeanzeigen auf vier- und fünfstellige Umsätze im Monat geschaltet werden. Sobald ein Produkt nachgefragt ist, kannst du das Marketingbudget erhöhen und multiplizierst über Nacht dein Einkommen. Meine Shops generierten am Tag ca. 100 €, bis ich mich durch viel Zögern dazu entschied, das Werbebudget zu erhöhen. Über Nacht erhöhte sich mein erzielter Umsatz immens. Du benötigst lediglich wenige Produkte, die von deiner potentiellen Zielgruppe nachgefragt sind. Diese können dir über mehrere Wochen bis hin zu Monaten passives Einkommen generieren.

GEHEIMNIS #5: VERTRAUE DATEN und ZAHLEN

Vor wenigen Wochen sprach der CEO von „FlixBus“ auf einer Internetmesse und betonte in seinem Vortrag zig Mal, wie wichtig Daten und Zahlen sind. Die ersten „FlixBusse“ und deren Routen wurden ausgehend von Reisestatistiken und Reisedaten geplant. Erst daraufhin wurden die Busse gemietet und Touren angeboten.

"Every battle is won before it's ever fought"

\- Sun Tzu, Die Kunst des Krieges

Daten und Zahlen sind deine wichtigsten Ressourcen, wenn es um wichtige Entscheidungen geht. Zahlen lügen im Gegensatz zu unserer subjektiven Wahrnehmung der Umwelt nie. Die Analyse von Daten, Zahlen und Verkäufen liefert aus diesem Grund oftmals das beste Ergebnis. Deine subjektive Wahrnehmung und dein Geschmack bzw. der Geschmack deiner Freunde kann sich oftmals vom Geschmack der Allgemeinheit unterscheiden. Vertraue somit niemals auf dein Bauchgefühl, sondern lediglich auf Zahlen und Daten.

Ein weiteres Beispiel hierfür ist die genaue Definition deiner Zielgruppe. Einen meiner Online-Shops startete ich mit dem Gedanken, dass meine Kunden zwischen 20 – 30 Jahre alt sind und gerne am Strand von Mallorca ihren Jahresurlaub buchen. Überrascht fand ich im weiteren Verlauf heraus, dass meine Produkte vor allem für Männer im Alter von 30 – 60 Jahren, welche an Fußball interessiert sind, sehr populär waren. Ohne die Analyse der Zahlen hätte ich dies nicht herausfinden können und ich hätte ähnliche Produkte künftig nicht an diese Zielgruppe verkaufen können.

GEHEIMNIS #6: DEIN SHOP MUSS NICHT PERFEKT SEIN

Ein weiteres Geheimnis, das von vielen Anfängern nicht berücksichtigt wird, ist die perfekte Veröffentlichung deines Shops. Unternehmen ändern sich mit der Zeit. Kein Unternehmen ist von Anfang an perfekt. Doch auch diese konnten Produkte verkaufen und Umsätze erzielen.
Ein Beispiel hierfür ist die Search-Engine-Optimization, nach welcher Google alle Beiträge rankt. Früher analysierte Google sämtliche Webseiten, welche möglichst oft ein bestimmtes Keyword enthielten und rankte diese bei entsprechenden Suchanfragen weiter oben. Somit konnten Webseitenbetreiber durch „Keyword Spam“ auf ihrem gewünschten Rang erscheinen. War dies perfekt? Natürlich nicht. Heutzutage legt Google Wert auf Smartphone-Optimierung, Aufenthaltsdauer und viele andere Dinge. Das Prinzip wurde im Laufe der Zeit verbessert, nichtsdestotrotz war Google bereits vor Jahren ein Milliarden-Unternehmen. Unternehmen verbessern sich mit der Zeit. Du kannst Verkäufe erzielen, auch wenn deine Produktbeschreibungen, Produkte, Designeinstellungen oder dein Logo nicht perfekt sind. Außerdem bemerkst du ziemlich

schnell, dass du nach dem Veröffentlichen deines Shops erstmal mehr Zeit in die Ausarbeitung investieren musst. Durch verschiedene Apps kannst du Aktivitäten deiner Nutzer auf deiner Webseite mitverfolgen. Dadurch kannst du analysieren, weshalb der Kauf letztendlich scheiterte. Verbessere deinen Shop nach der Veröffentlichung Tag für Tag.

GEHEIMNIS #7: DISZIPLIN UND FESTER TAGESPLAN

Disziplin und ein fester Tagesplan sind notwendig, um einen profitablen Online-Shop zu erstellen. Da du mittlerweile dein eigener Chef bist, musst du die nötige Disziplin aufbringen, selbstständig Zeit und Wissen in deinen Shop zu investieren. Du hast keinen Chef, der dich dazu zwingt, deinen Shop zu verbessern. Nur du bist einzig und allein verantwortlich für deinen Erfolg. Um anfangs nicht den Überblick zu verlieren, kannst du dir einen wöchentlichen Aufgabenplan zusammenstellen. Der folgende Plan gibt dir eine mögliche Aufgabeneinteilung. Passe diesen Plan individuell auf deine Ziele und Nebenbeschäftigungen an. Und vergesse nicht: „More is more!"

BEISPIEL FÜR EINEN FESTEN TAGESPLAN

MONTAG
- Produktrecherche (120 Minuten)
- Werbeanzeigen managen (15 Minuten)

DIENSTAG
- Neue Produkte hochladen (120 Minuten)
- Neue Werbeanzeigen schalten (60 Minuten)
- Werbeanzeigen managen (15 Minuten)

MITTWOCH
- Produktrecherche (120 Minuten)
- Werbeanzeigen managen (15 Minuten)

DONNERSTAG
- Neue Produkte hochladen (120 Minuten)
- Neue Werbeanzeigen schalten (60 Minuten)
- Werbeanzeigen managen (15 Minuten)

FREITAG
- E-Mail-Marketing (30 Minuten)
- Kundenservice (30 Minuten)
- Werbeanzeigen managen (15 Minuten)

SAMSTAG
- Produktrecherche (120 Minuten)
- Werbeanzeigen managen (15 Minuten)

SONNTAG
- Werbeanzeigen managen (15 Minuten)

DEFINITIONEN

PRODUKTRECHERCHE

Diese Aufgabe gehört zu den wichtigsten Aufgaben deines Online-Shops. Die meiste Zeit verbringen erfolgreiche Dropshipper mit dem Analysieren des Marktes und mit dem Heraussuchen von nachgefragten Produkten. Verbringe so gut wie jeden Tag mindestens zwei Stunden mit dem Recherchieren von neuen Produkten, welche du in deinen Online-Shop integrieren kannst. Da weitere Produkte mit keinen zusätzlichen Kosten einhergehen, kannst du sehr viele Artikel anbieten.

NEUE PRODUKTE HOCHLADEN

Im weiteren Verlauf werden dir verschiedene Apps vorgestellt, die das Hochladen deiner Shirts vereinfachen und weitgehend alle notwendigen Prozesse für dich übernehmen. Für das Hochladen eines neuen Produktes einschließlich der Produktbeschreibung benötigst du beim Dropshipping einen durchschnittlichen Zeitaufwand von 10 Minuten.

NEUE WERBEANZEIGEN SCHALTEN

Jedes einzelne Produkt verdient eine Werbekampagne. In den folgenden Kapiteln lernst du, wie du für wenige Euro profitable Werbeanzeigen über Social-Media schalten kannst, die deine Produkte der gewünschten Zielgruppe vorstellen.

WERBEANZEIGEN MANAGEN

Eine weitere Aufgabe ist das tägliche Managen von Werbeanzeigen. Kontrolliere jeden Tag um eine bestimmte Uhrzeit deine Online-Werbeanzeigen und kalkuliere die Gewinne der vergangenen Tage. Passe ausgehend von deren Leistungen das Werbebudget an. Benutze hierfür stumpf und ohne Emotionen eine einfache Excel-Datei. Diese Tabelle sende ich dir kostenlos unter www.aposvalley.de/skalierung per E-Mail zu. Besorge dir deine Tabelle, um dich künftig vor schlaflosen Nächten und emotional falschen Entscheidungen zu schützen.

E-MAIL-MARKETING

E-Mail-Marketing gilt immer noch als eine der lukrativsten Werbemethoden für Online-Marketer. Obwohl sich die Öffnungsraten von Mails immens verschlechtert haben, ist diese Marketingmethode kostenlos und eine Garantie für zusätzlichen Umsatz.

KUNDENSERVICE

Mit steigenden Verkäufen türmt sich die steigende Anzahl deiner Kundenfragen bezüglich Lieferung, Qualität oder allgemeinen Fragen zum Produkt. Erstelle dir aus diesem Grund unbedingt eine FAQ-Seite. Diese wird dir künftig deinen Kundenservice drastisch reduzieren. Außerdem ist dieser einer der ersten Aufgabenbereiche, die du im weiteren Verlauf an einen virtuellen Assistenten weitergeben kannst. Die Fragen bleiben immer dieselben. Das Outsourcen dieser Tätigkeit bringt dir sehr viel mehr Zeit ein, welche du effektiv in Marketingkampagnen oder das Recherchieren von neuen Produkten investieren kannst. Doch denke in der Anfangszeit deines Unternehmens daran, alle Kundenfragen persönlich zu beantworten. Nur so bekommst du ein Gefühl dafür, in welchen Bereichen es noch offene Fragen gibt. Beispielsweise erhielt ich am Anfang eines Shops eine Anfrage zur Integration von Überweisungen. Ich hätte niemals damit gerechnet, dass meine Kunden trotz der angebotenen Zahlungsmöglichkeiten wie PayPal und Kreditkarte, eine weitere Möglichkeit wünschen würden. Kurze Zeit später fiel mir auf, dass die Zielgruppe sich für diesen Shop an ältere Menschen richtet. Diese fühlen sich mit Überweisungen sicherer und kennen sich mit den anderen Zahlungsmöglichkeiten womöglich gar nicht so gut aus oder haben gar keinen PayPal Account. Lagere außerdem niemals Aufgaben aus, welche du zuvor nicht selbst durchgeführt hast. Du wirst deinem virtuellen Angestellten niemals eine Schritt für Schritt Anleitung geben können, die genau aufzeigt, wie man dieser Tätigkeit nachkommt.

Da du nun alle notwendigen Informationen zum Mindset erhalten hast, diskutieren wir im weiteren Verlauf des Werkes die technische Umsetzung deines ersten Online-Shops. Ich hoffe, bis hierhin hast du das Geschäftsmodell auf der theoretischen Ebene verstanden und dass du dir realistische Erwartungen gesetzt hast. Baue parallel zum Lesen dieses Werkes deinen ersten Online-Shop auf, um die Informationen nicht nur theoretisch zu verstehen, sondern auch praktisch anzuwenden.

7 NISCHENAUSWAHL

Für welche Nische interessierst du dich? In welcher Nische möchtest du Produkte veröffentlichen? Der große Vorteil des Nischen-Marketings besteht aus der Konzentration aller Marketingmaßnahmen auf einen kleinen, aber spezifischen und gut definierten Bevölkerungsanteil, für welchen du dich bestenfalls selbst interessierst. Für deinen ersten Shop ist besonders wichtig, einen sogenannten „Laser-Fokus" anzuwenden. Als Teil der Nische, ausgehend von deinem eigenen Interesse daran, hast du die Fähigkeit, dich besser in die Position der potentiellen Käufer zu versetzen. Dies ist die Strategie von Nischenmarketing: Du zielst darauf ab, ein Hai in einem verhältnismäßig kleinen Teich zu sein, nicht aber ein Fisch in einem großen Teich. Ein Nischenmarkt definiert die Teilmenge des gesamten Marktes, auf den sich ein bestimmtes Produkt oder ein Shop konzentriert. Im Laufe des Werkes erhältst du eine Liste von verschiedenen

Nischenideen, welche du alle für deinen ersten Shop benutzen kannst. Einfache Beispiele hierfür sind Shops in der Hundenische, Katzennische, Golfnische oder Fußballnische. Unternischen sind zum Beispiel Hundearten, Katzenarten, usw.

Mein erster Shop war ein Hunde-Dropshipping-Shop, in welchem ich Hundebetten, -halsbänder, -spielzeuge und -geschirre verkaufte. Ich besaß keinen Hund, entdeckte jedoch das unternehmerische Potential dieser Nische. Wahrscheinlich hast du die Geschichte bereits einmal gehört: In meinen Gedanken lag ich bereits am Strand von Bali oder erneut in meinem Meditationstempel, während mein Einkommen Tag für Tag anstieg. Wie du dir sicherlich denken kannst, hielt sich mein Erfolg in Grenzen. Doch jeder Fehlschlag bringt dich näher zu deinem Ziel. Um es in den Worten von Thomas A. Edison auszudrücken:

„Fehler? Ich habe nicht versagt. Ich habe nur 10.000 Wege gefunden, die nicht funktionieren. Das ist das Schöne an einem Fehler: Man muss ihn nicht zweimal machen."

- Thomas A. Edison, Erfinder der Glühlampe

Das war eine wichtige Lektion: Mein nächster profitabler Shop, welchen ich Monate später veröffentlichte, war anfangs ein spezifischer Nischenshop. Ich verspürte brennendes Interesse für diese Nische, doch sie war sehr klein. Ich eröffnete trotzdem meinen Dropshipping-Shop und erweiterte mit der Zeit mein Sortiment und meine Nische. Außerdem kaufte ich eine weitere Domain, um eine nischenspezifischere Marke zu erschaffen. Durch das neu Erlernte, verbesserte sich der Umsatz stets. Irgendwann gelangte ich an den Punkt, an dem ich mit diesem Shop innerhalb weniger Wochen vierstellige Umsätze generierte.

ZWEI TIPPS FÜR DIE SUCHE VON PROFITABLEN UND ALLTÄGLICHEN NISCHENPRODUKTEN

Aufgabe: Brainstorme verschiedene Nischen, für welche du dich interessierst. Notiere dir alle Nischen, welche dir in den Kopf kommen, auf einem Stück Papier.

TIPP #1: ALLGEMEINHÄNDLER DURCHSTÖBERN

Durchstöbere andere Shops und Allgemeinhändler wie zum Beispiel Amazon. Das Konsumverhalten der europäischen Bürger steigt mit jedem vergangenen Jahr an. Personen kaufen immer mehr im Internet ein. Der Umsatz im Online-Handel in Europa stieg in den letzten Jahren rasant an. Alles was du benötigst, ist ein kleiner Teil vom Kuchen.

Europäische Umsatzzahlen der vergangenen Jahre im Bereich E-Commerce

- 2012: 108,7 Milliarden Euro
- 2013: 131,6 Milliarden Euro
- 2014: 156,3 Milliarden Euro
- 2015: 185,4 Milliarden Euro
- 2016: 216,3 Milliarden Euro
- 2017: 250,2 Milliarden Euro

TIPP #2: HALTE DIE AUGEN OFFEN

Ein junger Mann verbrachte vor einigen Jahren seinen Urlaub in Italien. Die Kaffeeläden stachen ihm überall ins Auge. Er war maßlos von diesen Läden überzeugt. Er reiste zurück in seine Heimat. Kurze Zeit später entstand „Starbucks". Möglichkeiten befinden sich überall. Halte die Augen offen und schaue dich stets um. Du kannst alle möglichen Produkte von verschiedenen Großhändlern in deinen Shop importieren. Die Frage lautet: Was möchtest du verkaufen und was ist nachgefragt?

LASERFOKUS: DEIN EIGENER NISCHEN-ONLINE-SHOP

Ein Golf spielender junger Mann scrollt eines Abends durch seinen Facebook-Newsfeed, bis er eine Werbeanzeige von einer Facebookseite namens „Golflust“ entdeckt. Nach einem Klick landet er auf einer Startseite mit einem Golf-Logo und einem grünen Farbmuster. Schnell fühlt er sich wohl und stöbert durch die Kategorien. Er entdeckt Schläger, Ausstattungen und witzige T-Shirts. Er freute sich auf seine soeben bestellten Artikel für sein nächstes Golfspiel. Wenige Wochen später benötigt er weiteres Zubehör. Über die komplette Woche hinweg sah er jeden Tag verschiedene Beiträge auf der Facebookseite des Shops und erhielt Kundenmails. Auf welcher Webseite erfolgt sein nächster Kauf?

Ein Stand-Alone Shop erzielt stets ein besseres Ergebnis als ein Allgemeinshop, da das komplette Format mit deiner Zielgruppe korrespondiert. Ein weiterer wichtiger Vorteil des Nischenmarketings ist der höhere Customer-Lifetime-Value (CLV). Dieser definiert den Wert, den deine Kunden insgesamt ausgegeben haben. Da dein Fokus auf einer spezifischen Nische liegt und du die Möglichkeit hast, deine Kunden jederzeit per Mail und anhand von Social-Media-Beiträgen zu erreichen, erreichst du automatisch einen höheren CLV. Die Akquirierung eines Neukunden ist in allen Fällen teurer als einem bestehenden Kunden erneut einen Artikel zu verkaufen.

Wahrscheinlich hast du des Öfteren Angebote erhalten, welche dir einen Artikel für einen sehr billigen Preis anbieten oder gar schenken. Doch wie erzielen Unternehmen mit dieser Taktik Gewinne? Ganz einfach: Den ausgegeben Betrag für den verschenkten Artikel holen die Unternehmen durch den Verkauf im Backend ein. Diese Methode wird im Fachjargon „Upsell" genannt und ist eine fortgeschrittene Marketingmethode. Ein Bekannter besitzt beispielsweise eine Seite, auf der er einen Artikel für 7,95 € anbietet. Die Herstellungskosten liegen bei wenigen Euro. Um den Gewinn des Produktes zu maximieren, wird bei jedem erfolgreichem Kauf ein weiteres spezielles Angebot vorgeschlagen. Somit ist der durchschnittliche Einkaufswert pro Kunde auf dieser Seite über 15 – 20 €. Der erste verkaufte Artikel ist ein Buch mit den Basics. Im weiteren Schritt werden Programme oder spezifische Software verkauft, welche dem Kunden mehr Wissen beibringen und sich hierfür in einer teureren Preiskategorie befinden. Dieselbe Taktik kannst du auch für deine Online-Shops benutzen. Da dieser nischenspezifisch ausgerichtet ist und einen Laserfokus auf eine Nische hat, besitzt du die Möglichkeit, zu jedem verkauften Produkt weitere ähnliche Produkte mitanzubieten und somit deinen Gewinn pro Kunden zu erhöhen.

VERKAUF AUF GROßHÄNDLERN WIE „AMAZON" UND „EBAY"

(+ Zusätzlicher Tipp für Suchbegriffoptimierungen)

Als Besitzer eines Dropshipping-Shops besitzt du außerdem die Möglichkeit, deine Nischenprodukte bei Allgemeinhändlern wie „Amazon" und „eBay" anzubieten, um deinen Umsatz durch organische Suchen zu steigern. Jedoch müssen deine Kunden dazu in der Lage sein, die Produkte finden zu können. Stell dir folgendes Szenario vor: Du bist im Besitz eines unglaublichen Produktes, jedoch kann niemand dieses Produkt finden. Falls du dich dafür entscheidest, deine Produkte bei Allgemeinhändlern wie eBay und Amazon zu verkaufen, ist eine **ausgiebige Marktanalyse vor dem Auswählen** deines Produkttitels sehr wichtig. Nach welchen Suchbegriffen wird gesucht? Achte unbedingt darauf, dass deine Produkte und Produktbeschreibungen die Suchbegriffe beinhalten, nach welchen Leute in ihren Suchanfragen richten. Das beste Produkt wird dir sonst keine Verkäufe einbringen, da dein Produkt von niemandem aufgesucht werden kann. Um die Anzahl der monatlichen Suchbegriffe online anzusehen und zu analysieren, kannst du Tools wie „Google Trends" (https://trends.google.de/trends) oder die kostenlose Software „KW-Finder" (https://kwfinder.com) nutzen. Nachdem du eine große Nachfrage für ein Produkt entdeckst, kannst du die Nachfrage des Markts durch deine angebotenen

Produkte stillen. Veröffentliche kein Produkt, für das keine Nachfrage vorhanden ist.

Eigener Online-Shop oder Großhändler?

Nun stellt sich die Frage: Produkte auf Amazon anbieten oder eigenen Online-Shop erstellen? Ich würde mich jedes einzelne Mal für den eigenen Online-Shop entscheiden. Dieser ist zwar mit mehr Aufwand verbunden, gibt dir jedoch alle möglichen Freiheiten, um ein langfristiges und passives Einkommen aufzubauen. Außerdem kannst du deinen Online-Shop nach einiger Zeit verkaufen („The Big PayOut Day!"). Doch mit welchen Nachteilen kannst du beim Kreieren deines eigenen Online-Shops rechnen?

Nachteil #1: Erhöhter Arbeitsaufwand

Viele Anbieter wie Amazon und eBay besitzen eine vorgefertigte Maske. Diese ermöglicht dir, dein Produkt in wenigen Minuten hochzuladen ohne zuvor Designeinstellungen und Zahlungseinstellungen vornehmen zu müssen. Retouren, Kundensupport und Zahlungen sind hierbei im Service beinhaltet.
Die Schattenseiten: Dieser Service ist mit notwendigen Abgaben an den Anbieter verbunden, da der Kauf ohne die organischen Kunden dieses Unternehmens niemals zu Stande gekommen wäre. Diese Unternehmen

besitzen darüber hinaus die Möglichkeit, sehr nachgefragte Produkte einfach selbst anzubieten. Deine Produkte werden immer seltener angezeigt. Demnach sinken deine Verkäufe Tag für Tag. Somit dient dein Produkt nur als Bestätigung für die Nachfrage des Markts. Außerdem bist du an gewisse Richtlinien des Händlers gebunden und kannst nach jeder kleinsten Verwarnung aus dem Partnerprogramm verbannt werden, was deine Umsätze von einem Tag auf den Anderen gegen Null fallen lässt. Aus diesem Grund ist es wichtig, dass deine kompletten Einnahmen nicht von einem Produkt bzw. einem Shop abhängig sind.

Nachteil #2: Monatliche Hosting Gebühren

Dieser Nachteil ist in den Augen von vielen Anfängern oftmals ein großes Hindernis. Diese sehen den monatlichen Hosting Gebühren negativ entgegen. Die Plattform, auf welcher ich jeden einzelnen Online-Shop hoste, nennt sich „Shopify". Der Preis beträgt ca. 25 € pro Monat. Viele Anfänger springen jetzt auf! Der Puls hat sich maximal erhöht! (*Wie ich beim Vorgänger dieses Werkes „Online Geld verdienen durch T-Shirts" erwähnte, rechnete ich bereits in einem ähnlichen Kapitel mit Nachrichten wie „Das ist viel zu teuer!" und „Ich zahle doch nicht monatliche Gebühren?!". Vielen Dank noch einmal!)*

In meinen Augen gibt es **keine kostenlose Alternative**. Die monatlichen Gebühren sind für den Service, vorgefertigte Applikationen und Vereinfachungen absolut preisgerecht und empfehlenswert. Shopify ist E-Commerce im 21. Jahrhundert und ich bin mit jeder einzelnen Zelle meines Körpers davon überzeugt, dass diese Software jedem Unternehmer ermöglicht, innerhalb weniger Stunden einen profitablen Shop aufzubauen. Vor 20 Jahren zahlte der U.S. amerikanische Unternehmer und Investor Jeff Bezos ca. $ 100.000 für die Codierung seines Bücher-Online-Shops namens Amazon. Wir genießen im Vergleich hierzu das Privileg, mit wenigen Euro unseren Online-Shop erstellen zu lassen.

NISCHE AUSWÄHLEN, ANALYSIEREN, TESTEN

Ich hoffe, du hast das Potential deines eigenen Online-Nischenshops verstanden. Doch für welche Nische entscheidest du dich? Dieses Kapitel soll dir dabei helfen, verschiedene Nischen zu testen und die beste hiervon für deinen Shop auszuwählen. Falls du noch keine Nische gefunden hast, besteht kein Grund zur Beunruhigung. Auf der nächsten Seite befindet sich eine breitgefächerte Auswahl an verschiedenen Ideen. Bevor du eine Nische auswählst, musst du dir lediglich zwei Fragen stellen.

Ist die Nische leidenschaftlich?
Für viele Anfänger und Fortgeschrittene ist dies die einfachste Art und Weise, um Gewinne im Dropshipping zu verzeichnen. Leidenschaftliche Personen besitzen eine höhere Affinität, die angebotenen Produkte zu kaufen. Außerdem bieten dir Social-Media-Kanäle die Möglichkeit, leidenschaftliche Zielgruppen mit deiner Werbung anzuvisieren. Uhren und Handyhüllen sind in diesem Fall schwieriger zu verkaufen als Golfequipment und -zubehör. Außerdem kannst du dein Sortiment bei leidenschaftlichen Nischen zusätzlich durch Print-on-Demand Artikel wie Shirts oder Tassen erweitern.

Ist die Nische groß genug?
Wir genießen im Online-Marketing das Privileg, keine Einschränkungen im Hinblick auf Öffnungszeiten und Ladenbesucher in Kauf zu nehmen. Falls du ein

nachgefragtes Produkt findest, möchtest du dieses Produkt natürlich so vielen interessierten Leuten wie möglich zeigen. Aus diesem Grund ist vor dem Auswählen der Nische wichtig, die potentielle Zielgruppe zu analysieren.

Hierfür benutzen wir ein Tool, welches von Facebook bereitgestellt wird. Logge dich auf www.business.facebook.com ein und erstelle dir ein kostenloses Werbekonto. Dieses gibt dir die Möglichkeit, Informationen über deine Kunden herauszufinden und im weiteren Verlauf auch Werbung zu schalten. Das kostenlos integrierte Analysetool „Facebook ADS Audience Insights" erlaubt dir, Alter, Geschlecht, Ort, Interessen, Verbindungen, Beziehungsstatus, Arbeit, Eltern, Lebensereignisse und ganz besonders die Größe deiner potentiellen Zielgruppe herauszufinden.
Ein klassischer Nischentest besteht daraus, nach deutschsprachigen Personen in Deutschland, Österreich und der Schweiz zu suchen, welche „X" (deine Nische) als Interessensbereich angegeben haben. Wähle beim Dropshipping eine Nische aus, die mindestens eine Anzahl von 350.000 Personen anspricht, da ansonsten die Skalierungsmöglichkeiten deines Unternehmens begrenzt sind. Du kannst die Nischen, die im Folgenden aufgeführt werden, individuell testen und kombinieren (*und natürlich meine Nischen stehlen – dein Erfolg ist auch mein Erfolg*).

20 PROFITABLE DROPSHIPPING NISCHEN

1. Angeln
2. Basketball
3. Bärte
4. Fotografieren
4. Gaming / Videospiele
6. Gartenarbeit
5. Gesundheit
6. Hunde
8. Joggen
9. Kaffee
10. Katzen
12. Kosmetik
13. Lesen
14. MMA
14. Rucksackreise (Backpacking)
16. Tauchen
17. Veganismus
18. Wandern
19. Wintersport
20. Yoga

8 PRODUKTE UND LIEFERPARTNER FINDEN

Sobald alle Bausteine zerlegt sind, wirst du bei jedem erfolgreichen Online-Shop entdecken, dass die Produkte das wichtigste Kriterium für deinen Erfolg sind. Ein Shop mit nachgefragten und großartigen Produkten wird selbst bei mittelmäßigem Marketing hohe Umsätze erzielen können. Wie am Anfang beschrieben, kann dir ein nachgefragtes Produkt mehrere Monate hinweg passives Einkommen generieren. Aus diesem Grund ist es wichtig, dass du deine ersten guten Produkte findest. Sobald du diesen Schritt einmal verstanden hast, kannst du ihn immer und immer wieder wiederholen.

DIE ERSTE WAHL ZUM DROPSHIPPEN

ALIEXPRESS

Das Partnerunternehmen von „Alibaba“ bietet den einfachsten Weg, um günstige und innovative Produkte zu finden. Vielen Großhändlern in China fällt es schwer, sich weiterhin am Markt zu halten. Von Jahr zu Jahr werden die Produkte qualitativ hochwertiger. Gleichzeitig werden, aufgrund der hohen Konkurrenz, viele Preise niedriger angesetzt. Aus diesem Grund sehen viele Großhändler auf der Handelsplattform von Aliexpress eine neue Chance und fokussieren sich auf das Geschäftsmodell des Dropshippings. Der Begriff des Dropshippings ist so gut wie allen Lieferanten bekannt. Dropshipping via AliExpress bietet eine der einfachsten und populärsten Möglichkeiten, um Erfahrungen im E-Commerce zu sammeln. Später kannst du zu deutschen beziehungsweise europäischen Lieferanten wechseln. Der Ablauf bleibt jedoch immer derselbe. Deshalb würde sich außer deiner niedrigeren Margen und der schnelleren Lieferzeit nichts ändern. Außerdem ist vor allem AliExpress an einer Erweiterung ihres Lagers in Bulgarien und

Spanien interessiert, um den europäischen Markt schneller beliefern zu können. Manche Quellen bestätigen die Eröffnung neuer Lager innerhalb von wenigen Monaten oder Jahren. Viele Produkte werden von Lieferanten aus Spanien bereits angeboten, womit sich die Lieferzeit auf 2 – 3 Tage verkürzt.

VORTEIL #1: TÄGLICH NEUE PRODUKTE UND BREITGEFÄCHERTES PRODUKTSORTIMENT

AliExpress bietet Dropshippern die besondere Möglichkeit, kinderleicht passende Artikel für ihren Shop zu finden. AliExpress bietet hierfür eine Auswahl von über tausenden verschiedenen von neuen Produkten. Mit nur wenigen Klicks lassen sich die Artikel durch eine App auf Shopify importieren. Hiermit hast du für deinen neuen Shop sofortigen Zugang zu Millionen von Produkten. Glückwunsch!

VORTEIL #2: DEIN KUNDE ERFÄHRT NICHTS VON ALIEXPRESS

Durch eine kurze Nachricht kannst du deinen Lieferanten dazu auffordern, Werbematerial aus dem Paket zu entfernen. Wenn du dich auf einen Lieferpartner festgelegt hast, kannst du eigene

Flyer bedrucken lassen oder die Produkte individuell mit deiner Marke oder deinem Logo versehen.

WEITERE VORTEILE:

- Produkte passen sich der aktuellen Nachfrage des Markts an

- Freier Zugang und kostenlose Anmeldung möglich

- Niedrige Einkaufspreise

- Lieferanten haben ausreichende Englischkenntnisse, welche eine problemlose Kommunikation ermöglichen

LIEFERUNG: Stets ePaket

Täglich werden beim chinesischen Großhändler, trotz der niedrigen Einkaufspreise, Produkte im Wert von über 10 Milliarden Dollar verkauft. Der Umsatzrekord an einem einzigen Tag liegt im Moment bei 17,8 Milliarden Dollar. Solange die Richtlinien im Vorfeld klar und deutlich angegeben sind, akzeptieren Kunden die längeren Lieferzeiten beim Kauf ihres Produkts. Eine zusätzliche FAQ-Seite für immer wiederkehrende Fragen erleichtert dir den Kundenservice. Achte bei jeder Bestellung darauf, dass das Paket deines Kunden per ePaket versendet wird. Damit hat dein Kunde jederzeit die Möglichkeit, das Paket zu orten. Im weiteren Verlauf wird eine automatische E-Mail mit der individualisierten Tracking-ID an jeden deiner Kunden versandt. Der Versand unterscheidet sich von Verkäufer zu Verkäufer. Bis die Ware bei deinem Kunden ankommt, dauert es im Schnitt 12 Tage. In Sonderfällen kann sich die Lieferzeit auf bis zu höchstens 28 Tage verzögern. Nachdem du im nächsten Kapitel deinen Online-Shop erstellt hast, kannst du die App „Oberlo" installieren, welche diese Vorgänge weitgehend automatisiert.

Weitere Lieferanten (in Deutschland) finden

Nachdem du deine ersten Versuche mit der einfachsten Plattform für den Start durchgeführt hast und erste Verkäufe erzielt hast, kannst du darüber hinaus ebenfalls Produkte aus dem Inland oder aus Europa versenden lassen. Dropshipping ist kein „neues" Geschäftsmodell, sondern wird bereits seit Jahren von verschiedenen Unternehmen angeboten. Preisgerechte und großartige Lieferanten zu finden, ist hingegen deutlich schwieriger. In den meisten Fällen hilft eine einfache Google-Suche wie beispielsweise „Vegan Produkte Dropshipping Deutschland“ oder „Nahrungsergänzungsmittel Dropshipping Deutschland“. Nach dieser Suche wirst du bemerken, dass es auch in Deutschland unendlich viele Lieferanten gibt, die durch das Dropshipping Gewinne erzielen möchten.

GEWINNBRINGENDE PRODUKTE FINDEN

ALIEXPRESS DURCHSTÖBERN

Bei der Produktsuche kannst du den kompletten Shop von AliExpress durchstöbern und triffst immer wieder auf verrückte Produkte, die dich auf eine neue Nischenidee bringen können. Ich besitze einen allgemeinen Shop, auf dem ich durch intensivste AliExpress Recherche jeden Tag neue Produkte entdecken und anbieten kann. Du triffst selbst nach monatelanger Recherche stets auf neue Produkte und neue Nischen. Du kannst parallel zu deinem Nischenshop einen allgemeinen Shop aufbauen, der lediglich dazu dient, verschiedene Produkte zu testen. Nachdem sich einige Produkte herauskristallisieren, kannst du das Sortiment mit ähnlichen Produkten erweitern und einen neuen Shop für diese Nische kreieren. Beispielsweise verkaufte ich in meinem allgemeinen Shop elektronisches Autozubehör aus AliExpress. Nach leichten ersten Verkäufen kreierte ich eine explizite Webseite für elektronisches Autozubehör, -sticker und Shirts.

Die Webseite von AliExpress ist ausreichend, um deinen Shop mit Artikeln auszustatten. Im Online

Marketing ist ein Produkt, welches eine hohe Anzahl an Bestellungen aufweist, oftmals nachgefragter als ein Produkt mit wenigen Bestellungen. Personen haben dieses Produkt bereits bestellt. Achte beim Wählen deiner Produkte deshalb stets auf eine Mindestbestellanzahl von 500 Produkten bei einer Lieferantenbewertung von + 90%.

DIE VORGEHENSWEISE ZUR FINANZIELLEN FREIHEIT

Dies ist unter anderem eine der besten Taktiken, die ich jemals für die Produktsuche entdeckt habe. Eines Tages stöberte ich auf Amazon durch verschiedene Produkte, bis ich eine Nische genauer analysierte. Durch den „Ähnliche Produkte anzeigen" Button zeigt mir Amazon Personen, die nicht nur „Artikel X" gekauft haben, sondern gleichzeitig auch „Artikel Y". Schnell öffnete ich einen weiteren Tab und verglich diesen mit den Produktseiten von AliExpress. Bingo.

AliExpress bietet dir die Möglichkeit nach ähnlichen Produkten zu suchen. Das heißt, nachdem du ein gutes Produkt gefunden hast, kannst du am unteren Ende der Webseite ähnliche Produkte ansehen, die gleich oft oder gar besser verkauft werden. Dies erleichtert die Produktsuche immens. Nachdem du beispielsweise ein Hundebett gefunden hast, scrolle auf der Produktseite zum unteren Ende. Hier listet dir AliExpress die Produkte auf, die in der Hundenische ebenfalls nachgefragt sind. Alternativ kannst du auch die spezifischen Lieferanten genauer analysieren.

AUF ANDEREN PLATTFORMEN SUCHEN

Du siehst außerdem an den Bestsellerrängen auf Amazon oder eBay wie nachgefragt verschiedene Produkte sind. Falls ein Produkt auf Amazon nachgefragt ist, kannst du ein ähnliches Produkt in deinen Shop integrieren. Das ähnliche Produkt wird mit hoher Wahrscheinlichkeit auch in deinem Shop Verkäufe generieren. Ein Tool, um den kompletten Markt zu analysieren, ist die kostenlose Software „Watchcount" (http://www.watchcount.com/). Außerdem bietet dir „Google Chrome" die Möglichkeit, durch einen Rechtsklick auf das Produktbild „Mit Google nach [dem] Bild [zu] suchen". Im weiteren Verlauf werden dir alle Webseiten aufgelistet, die dasselbe Produkt verkaufen. Dies ist eine gängige Methode, um Lieferanten von bestimmten Produkten nachzuverfolgen und um bei diesen das Produkt für den günstigsten Preis zu kaufen.

SAISONKALENDER BEACHTEN

Eine weiterer wichtiger Faktor ist das Beachten der Jahreszeit. Du kannst beispielsweise im Sommer andere Artikel promoten und verkaufen als im Winter.

KONTAKT ZUM LIEFERPARTNER PFLEGEN

Pflege stets den Kontakt zu deinen Lieferpartnern mit den angesagtesten und nachgefragtesten Produkten. Ich tausche oftmals die WhatsApp Nummern aus, um bei Problemfällen schnell Kontakt aufnehmen zu können. Sobald meine Lieferanten außerdem neue Produkte veröffentlichen, bin ich oftmals die erste Person, die darüber benachrichtigt wird. Ein weiterer Grund für ein gutes Verhältnis sind die verbesserten Preiskonditionen, die dir deine Lieferpartner nach einiger Zeit anbieten.

AUFGABE:

NISCHE AUSWÄHLEN UND 7 PRODUKTE HERAUSSUCHEN

Höchstwahrscheinlich hast du bereits im letzten Kapitel deine Nische ausgewählt. Wenn dies nicht der Fall ist, kannst du noch einmal einen Blick über verschiedene Nischenbeispiele werfen und dich für eine spezifische Nische entscheiden. Suche im weiteren Verlauf sieben Produkte aus, die du in deinen ersten Shop integrieren möchtest. Öffne dir hierfür eine Word-Datei und kopiere die jeweiligen URLs. Ich empfehle dir für den Anfang, mit AliExpress anzufangen, da diese Produkte im weiteren Verlauf sehr leicht integriert werden können und sehr gute Voraussetzungen für einen Start in das Geschäftsmodell garantieren. Speichere danach die Datei. Nachdem du deinen Online-Shop kreiert hast, kannst du die URLs benutzen, um die Produkte in deinen Shop zu integrieren. Im weiteren Verlauf sehen wir uns an, wie du innerhalb von wenigen Stunden deinen ersten eigenen Online-Shop kreieren kannst.

9 KUNDENSUPPORT UND RETOURENMANAGEMENT

Du hast meine Liebe zu Shopify höchstwahrscheinlich bereits herausgelesen. Es gibt unzählige Anbieter auf dem Markt, darunter auch sehr viele kostenlose Alternativen. Doch kein Anbieter für Onlinehandel kann momentan mit Shopify mithalten. Shopify bietet außerdem die Möglichkeit, deinen Shop unverbindlich 14 Tage lang kostenlos aufzubauen und alle Features zu testen. Falls du nach diesem Test immer noch nicht überzeugt bist, kannst du auf kostenlose Alternativen wie „WooCommerce“ von WordPress wechseln. Im Folgenden sind die Vorteile von Shopify aufgelistet. Die Online-Shop Einstellungen beim Erstellen eines Dropshipping-Shops sind sehr ähnlich zum Print-on-Demand-Shop. In manchen Punkten unterscheiden sich jedoch die Designeinstellungen, Themes und Titelbilder. Nimm dir aus diesem Grund bitte die benötigte Zeit, um die veränderten Punkte anzusehen und überspringe nicht direkt dieses Kapitel, falls du den Vorgänger dieses Werkes bereits gelesen hast. Logo, Farbeinstellungen, Zahlungseinstellungen, Datenschutzerklärungen, Domain, Mails und Steuern bleiben zum vorangehenden Werk unverändert.

Dir stehen mit Shopify großartige und gleichzeitig auch traurige Tage bevor, wenn keine Verkäufe auf deinem Dashboard stehen. Der Link zu deiner nächsten Liebe:

https://www.shopify.de/

VORTEIL #1: AUTOMATISIERTES DROPSHIPPING

Der größte Vorteil von Dropshipping mit Shopify ist eine App mit dem Namen „Oberlo". Die Hersteller sahen in Shopify und in dem Verkauf von AliExpress Artikeln eine immense Geschäftsmöglichkeit. Aus diesem Grund erstellten sie eine Software, welche nicht nur das Importieren von Produkten mit einer einfachen URL ermöglicht, sondern auch die Lieferung bzw. die Nachricht an deinen Verkäufer automatisiert absendet. Diese App ermöglicht dir, auf das gesamte Sortiment von AliExpress zuzugreifen ohne zuvor ein Wort mit dem Lieferanten ausgewechselt zu haben. Natürlich lohnt es sich, den Kontakt mit guten Lieferanten zu pflegen.

VORTEIL #2: ANSPRECHENDES DESIGN OHNE CODIERUNG

Ein professionelles Design deines Online-Shops sorgt für Seriosität und Kundenvertrauen. Die kostenlosen Themes ermöglichen dir in kurzer Zeit einen vollständig funktionierenden Online-Shop zu kreieren. Bei Themes handelt es sich um vorgefertigte Designs für eine Webseite. Die Vorlagen können individuell mit Bildern und Texten versehen werden. Die benutzerfreundliche Oberfläche von Shopify ermöglicht die Gestaltung eines ansprechenden Shops innerhalb von wenigen Minuten. Außerdem ermöglicht dir das vorprogrammierte Interface, deine Webseite ohne Codierungsfähigkeiten auszuarbeiten.

Codierung ist hierbei ein Begriff der elektronischen Datenverarbeitung. Bei der Webseitenentwicklung ist das Überführen des Algorithmus und der Datenvereinbarungen in die Programmiersprache notwendig. Viele Unternehmer besitzen keine Ausbildungen oder Weiterbildungen in der Informatik und sind deshalb nicht in der Lage, Quelltexte zu programmieren oder zu codieren. Shopify greift hier jungen Startup-Unternehmern unter die Arme und stellt einen Service bereit, der die Codierungsarbeit vollständig übernimmt.

VORTEIL #3: VOLLSTÄNDIG GEHOSTET

Durch die DSGVO-Gesetze benötigt jeder Shop ein zertifiziertes SSL-Zertifikat, sodass Daten durch Hackangriffe nicht gestohlen werden können. Shopify bietet ein All-Inclusive System an und übernimmt hierbei das komplette Hosting und die Sicherheit deiner Webseite. Somit musst du dir um lange Ladezeiten und technische Probleme deines Shops keine Gedanken machen. Das schlimmste Ereignis für Online Marketer ist die Überbelastung seines Hosts aufgrund von zu vielen Kunden. Warum? Personen, welche durch deine bezahlte Werbung erreicht werden, landen auf einer nicht funktionierenden Seite. Somit entgehen dir mögliche Käufer und Bestandskunden zweifeln an der Professionalität deines Online-Shops. Sobald dein Shop an Reichweite gewinnt und mehr Umsatz generiert, wünschst du dir nichts lieber als einen reibungslosen Ablauf deines Shops ohne technische Schwierigkeiten.

SHOPEINSTELLUNGEN

Nachdem du dich für die kostenfreie 14-tägige-Testversion anmeldest, kannst du sofort deinen bestehenden Shop designen und funktionstüchtig gestalten. Hierfür kümmern wir uns vorerst um das Design und im weiteren Schritt um die Einstellungen.

DESIGN [Online Store > Themes]

Dropshipping Themes:

- Brooklyn (kostenlos)
- Konversion Theme (zusätzliche Kosten)

Schnell erkennst du ein weites Spektrum an attraktiven Themes. Wähle eine Vorlage, die dir am meisten gefällt und die mit deiner Nische korrespondiert. Die kostenlosen Motive sind hierfür völlig ausreichend. Diese wurden von Shopify selbst kreiert und beinhalten deshalb technischen Support von deren Mitarbeitern. Mein absoluter Favorit ist hierbei das kostenlose „Brooklyn-Theme“ von Shopify. Dieses Theme ist perfekt für deinen ersten Dropshipping-Shop. Meine zweite Wahl fällt aufgrund der höheren Kosten auf das „Konversion-Theme“. Trotz der Kosten kann dir dieses Theme deine Investitionskosten sehr schnell wieder einbringen, da es sehr gut gestaltet ist.

TITELBILD [Online Store > Themes > Customize]

Durch einen Klick auf den „Anpassen“ Button landest du auf der Bearbeitungsseite deines Online-Shops. Jede Person, die deinen Webshop von ihren Freunden empfohlen bekommt oder über Google aufsucht, landet auf dieser Startseite. Aus diesem Grund ist ein nischenkompatibles Titelbild essentiell. Lizenzfreie und kostenlose Bilder findest du unter Pixabay (https://pixabay.com/de/) und Unsplash (https://unsplash.com/). Qualitativ hochwertigere und kostenpflichtige Lizenzen kannst du auf der Webseite von Shutterstock (https://www.shutterstock.com/) kaufen. Welches Farbmuster passt zu deiner Nische? Recherchiere ausgiebig vor dem Auswählen deines Titelbildes und deiner Seitenfarben. Eine einfache Google Bildersuche zeigt oftmals die angesagtesten Farben. Wähle außerdem immer ein Titelbild mit sympathischen Personen aus, die den direkten Augenkontakt mit deinen potentiellen Kunden suchen. Dieser psychologische Trick sorgt für eine durchschnittlich längere Aufenthaltsdauer auf deiner Webseite und somit zu mehr Käufen.

LOGO

Markenbildung gehört zu den wichtigsten Schlüsselelementen des Marketings. Wer kennt nicht die zwei Stiere von „Red Bull“ oder das altbekannte „Nike“-Logo. Das Logo ist das erste Element, welches sofort ins Auge sticht und deine Marke auf jeder Webseite und auch auf Produkten repräsentiert. Ein professionelles Logo erweckt Vertrauen und prägt deine Marke. Der erste Eindruck deines Kunden entscheidet unterbewusst über sein Kaufverhalten. Gestalte dein Logo professionell, sodass es auf den ersten Blick volles Vertrauen erweckt. Sei daher gewollt, mehr Geld für ein qualitativ hochwertiges Logo auszugeben. Ich empfehle dir, insofern du keine Photoshop-Fähigkeiten besitzt, diese Aufgabe an einen freiberuflichen Designer weiterzugeben. Du kannst auf www.fiverr.com für einen Kostenaufwand von 5 - 10 € ein mittelmäßiges Logo erstellen lassen. Alternativ kannst du auf www.upwork.com äußerst qualifizierte Freiberufler finden. Für diese musst du zwar mehr bezahlen, doch die Qualität spricht für sich und ist absolut empfehlenswert! Achte vor allem darauf, dass das Logo zu deinem zuvor ausgewählten Farbschema deines Shops und zu deiner Nische passt.

THEME-EINSTELLUNGEN

FARBEN

Auf https://coolors.co/app kannst du eine individuelle Farbpalette erstellen, welche zu deiner Nische passt. Einheitliche Farben wecken Vertrauen. Wechsle nicht allzu oft zwischen den einzelnen Farbpaletten. Da die Farbeinstellungen von Shopify zum Zeitpunkt der Veröffentlichung dieses Buches nur in englischer Sprache verfügbar sind, wurden die Fachbegriffe im

Folgenden einfachheitshalber in englischer Sprache übernommen.

Beispiele für Farbeinstellungen: Sommer-Shop

Farbe #1: Top bar background, Footer background, Lines & Borders
Beispiel: Blau
Tipp: Nischenfarben berücksichtigen!

Farbe #2: Body background
Beispiel: Ganz leichtes Grau
Tipp: Reines Weiß setzt einen zu starken Fokus auf den Hintergrund.

Farbe #3: Buttons und Links
Beispiel: Grün
Tipp: Grün und Blau sorgen für die höchsten Conversion-Raten.

Farbe #4: Button Text, Top bar, Footer, Social media und payment icons
Beispiel: Weiß
Tipp: In Kombination mit dem kompletten Design ist reines Weiß in diesem Fall sehr attraktiv.

Farbe #5: Schrift main menu, Schrift body
Beispiel: Schwarz
Tipp: Eine schwarze Schrift ist elegant, weckt Vertrauen und ist einfach zu erkennen.

SCHRIFT

Unter den Theme-Einstellungen kannst du ebenfalls die angezeigten Schriftarten verändern. Shopify bietet hierbei viele verschiedene attraktive Möglichkeiten an. Mein Favorit ist hierbei die „Avant Garde" Schrift. Benutze für den Body Text, Headings und Navigation dieselbe Schrift, um deinen Shop einheitlich und vertrauenswürdig zu halten.

CHECKOUT

Verändere ebenfalls deine zuvor getätigten Design-Einstellungen (Farbe und Schriften) in den Checkout-Einstellungen.

SHOPEINSTELLUNGEN

SOCIAL MEDIA

Insofern du noch keine Social-Media-Accounts für deinen Online-Shop kreiert hast, ist jetzt die richtige Zeit gekommen, dir eine Facebook- und Instagram-Fanseite zu erstellen. Füge dazu die Links deiner erstellten Seiten unter dem Punkt „Social Media" in die Shopify Einstellungen ein, sodass sie im Footer-Menü (= Fußzeile) angezeigt werden.

FUßZEILE

Wir erstellen im späteren Verlauf die Punkte „Verkauf und Rückerstattung", „Datenschutzerklärungen" und „Nutzungsbedingungen" im Footer-Menü. Diese werden in einem anderen Menüpunkt erstellt. Gehe hierfür zurück zu den Shopify Einstellungen.

VERKAUF UND RÜCKERSTATTUNG / DATENSCHUTZERKLÄRUNG / NUTZUNGSBEDINGUNGEN

Du benötigst diese Seiten, um deinen Shop abmahnsicher zu gestalten. Den Inhalt dieser Seiten kannst du in den Einstellungen unter „Checkout" kreieren und unter „Seiten" auf eine Webseite übertragen. Hierfür kopierst du lediglich den Inhalt und fügst diesen auf deiner zuvor neu erstellten Seite ein. Unter „Navigation" kannst du diese Seiten im Menüpunkt unter deinem Footer Menü integrieren. Personalisiere deine Rückerstattungsbedingungen, sodass sie deinen Vorstellungen entsprechen.

DOMAIN

Unter „Online Store – Domains" kannst du dir eine individuelle Domain kaufen, unter der deine Kunden deinen Shop finden können. Überlege dir eine einzigartige Domain bzw. einen einzigartigen Namen für deinen Shop. Markenbildung ist eine wichtige Marketingstrategie, welche große Unternehmen wie „Red Bull" und „Nike" perfektioniert haben. Diese Namen stehen für Kundenvertrauen und Qualität. Der Kauf einer Domain bei Shopify kostet um die 10 € für ein komplettes Jahr und ist empfehlenswert. Alternativ kannst du auf Anbieter wie „1&1" zurückgreifen und erhältst deine Domain im ersten Jahr kostenlos. Hierfür musst du jedoch die Seiten miteinander verknüpfen, was je nach deinen Codierungs-Fähigkeiten mehrere Stunden dauern kann.

ZAHLUNGSMITTEL (Einstellungen – Zahlungsanbieter)

PayPal – PayPal gilt seit vielen Jahren als eines der sichersten Zahlungsmittel. Der Service wird vor allem von deutschen Kunden gerne benutzt. Um Zahlungen per PayPal zu akzeptieren, musst du dir lediglich ein „PayPal Geschäftskonto" erstellen. Dieses Konto verbindest du unter „Zahlungsanbieter" mit deinem Shopify Konto. Anschließend ist diese Zahlungsart vollständig funktionsfähig. Zahlungen erhältst du innerhalb von wenigen Sekunden auf dein PayPal Konto. Die Transaktionsgebühr für Geschäftskunden beträgt 1,9 % + 0,35 € pro inländische Transaktion. Die darauffolgende Auszahlung auf dein Geschäftskonto dauert in der Regel 1-2 Werktage und ist gebührenfrei.

Stripe – Vor wenigen Jahren musste jeder Unternehmer, der Zahlungen per Kreditkarte akzeptieren wollte, mit der hauseigenen Bank einen teuren Vertrag abschließen. Dieser Vertrag wurde sogar oftmals abgelehnt. Durch das amerikanische Unternehmen Stripe erhalten Startup-Unternehmer die Möglichkeit, Zahlungen per Kreditkarte zu akzeptieren. Du kannst den Service von Stripe nutzen, um Zahlungen per Master Card, American Express und Visa zu akzeptieren. Die Auszahlung auf das Geschäftskonto erfolgt innerhalb von 7 Tagen. Die Gebühren pro Transaktion betragen hierbei 1,4 % + 0,25 €.

Sofort Überweisung – Sofortüberweisung ist eine Bezahlmethode, welche in Deutschland ein immer höheres Ansehen genießt. Das Geld wird hierbei sofort beim Käufer abgebucht und geht auf deinem Geschäftskonto ein. Gegen eine monatliche Gebühr kannst du dich für ein „Klarna Verkäuferkonto" anmelden.

Coinbase Commerce – Da ich leidenschaftlicher Kryptowährungen-Sympathisant bin, akzeptiere ich auch Zahlungen per Bitcoin und Ethereum. Hierfür musst du dich lediglich bei Coinbase-Commerce anmelden. Noch zahlen sehr wenige Kunden mit Kryptowährungen. Der amerikanische Rapper „50 Cent" gilt als einer der ersten Musiker, die Bitcoin bereits im Jahr 2014 als Zahlungsmittel akzeptiert haben. Wie das online Nachrichtenmagazin „TMZ" berichtet, hat 50 Cent seine Bitcoin-Verkäufe unberührt gelassen, bis er sie in letzter Zeit wiederentdeckt hat. Für sein Album „Animal Ambition" hat er Berichten zufolge rund 700 Bitcoins für den Verkauf von Alben eingespielt. Zum Zeitpunkt der Veröffentlichung des Albums war 1 Bitcoin ca. $ 650 wert. Heute ist der insgesamte Wert von 50 Cents Bitcoin-Einnahmen von $ 455.000 auf $ 5,6 Millionen angestiegen.

Überweisungen – Zahlungen per Überweisung kannst du unter „Manuelle Zahlungen – Benutzerdefinierte Zahlungsmethode" integrieren. Notiere in den Zahlungsanweisungen unbedingt deine Bankdaten. Fordere deine Kunden explizit dazu auf, die Überweisung in den nächsten Werktagen zu tätigen. Diese Bezahlmethode ist mit mehr Bürokratie verbunden.

STEUERN

Je nach angemeldetem Gewerbe unterscheiden sich deine nötigen Steuereinstellungen in deinem Online-Shop. Setze dich hierfür mit einem Steuerberater zusammen und bespreche deine individuelle steuerliche Situation. Als Kleinunternehmer bist du von der Mehrwertsteuer befreit und darfst diese nicht von deinen Kunden verlangen. Die Kleinunternehmer-Regelung gilt bis 17.500 € Umsatz im ersten Jahr und 50.000 € im Folgejahr. Mehr hierzu erfährst du im Kapitel „Geschäftskonto, Steuern und Gewerbe".

MAILS

Unter Benachrichtigungen kannst du jede einzelne E-Mail ansehen und bearbeiten. Bei einem erfolgreichen Dropshipping-Verkauf erhält dein Kunde diese automatisch abgesendeten E-Mails mit persönlicher Anrede und beispielsweise Tracking-ID zum Orten seines Pakets.

PRODUKTE IMPORTIEREN

Hierfür benötigst du die App „Oberlo". Lade dir zunächst die kostenlose App vom App-Store herunter und melde dich mit deiner Shop-Domain an. Alle Schritte sind einfach dargestellt, sodass du die App innerhalb weniger Minuten richtig installiert haben solltest. Im nächsten Schritt fügst du die zuvor kopierten URLs deiner Produkte unter dem Feld „Produkte hinzufügen" ein und kannst somit alle Produkte nacheinander in deinen Shop transferieren. Alle Produkte sind mit einer individuellen Nummer versehen, sodass Shopify deinen Lieferanten bei einer Bestellung direkt benachrichtigt.

PRODUKTBESCHREIBUNGEN

Kopiere hier niemals die bloße AliExpress Beschreibung deines Produkts. Großlieferanten zählen alle logischen Faktoren auf, ohne dabei auf die jeweiligen Vorteile einzugehen. Versuche aus diesem Grund stets, bei deinen Produktbeschreibungen sowohl logische Fakten als auch deren Vorteile zu notieren. Den Käufer interessieren zwar die allgemeinen Fakten, allerdings sind die Vorteile des Produktes und der durch den Kauf entstehende Nutzen die ausschlaggebenden Informationen, die zur Kaufentscheidung führen. Die Chance auf einen Verkauf kann durch einen starken Verkaufstext sehr leicht erhöht werden.

Beispiel Produktbeschreibung

[1] [Fakt] Das „Marke“ Hundebett ist durch die Verwendung hochwertiger Materialien wasserfest und sehr leicht zu reinigen, [emotionaler Vorteil] sodass dein Hund ab sofort jede freie Stunde im Garten genießen kann.
[2] Nur noch für kurze Zeit erhältlich.
[3] Individuelle Lieferkosten
[4] Individuelle Lieferzeit

10 ONLINE MARKETING

Seit Wochen überlege ich, was dieses Kapitel alles beinhalten muss, dass es den Wünschen der Leser gerecht wird. Ich habe dieses Kapitel die komplette Zeit vor mir hergeschoben und wusste nicht, an welcher Stelle ich anfangen soll. Ich wartete auf den perfekten Zeitpunkt, um dieses Thema zu beginnen. Um ehrlich zu sein, bin ich heute nicht im Büro. Ich bin gerade dabei, den Film „Das schnelle Geld“ anzuschauen. Dies ist ein US-amerikanischer Thriller von D. J. Caruso. Doch was hat dies mit diesem Kapitel zu tun? Einfach erklärt: Der gutaussehende und intelligente Brandon Lang arbeitet in einer Telefonzentrale und hilft spielsüchtigen Männern, die Spiele der Sportwochen richtig zu tippen.

Jeder ist verrückt nach Brandon und seinen Tipps. Doch wieso? Anders als den anderen Verkäufern in seiner Zentrale ist Brandon das Geld egal. Ihm ist lediglich wichtig, seinen Anrufern die richtigen Tipps zu geben und ihnen zu helfen. Und hiermit möchte ich zu diesem Kapitel überleiten. In diesem Kapitel geht es um eine Geschäftsmöglichkeit, die dein Leben in eine komplett andere Bahn leiten kann und dir so vieles ermöglicht. Mit diesem Kapitel möchte ich das bestmögliche Wissen in komprimierter Form an dich weitergeben. In diesem Buch geht es nicht um mich – es geht um dich – dich und deinen Erfolg.

Was macht Online-Marketing so besonders? Durch das Dropshipping erhältst du die Möglichkeit, praktische Erfahrungen in einem Geschäftsmodell zu sammeln, welches in den nächsten Jahren die „reale Welt" ablösen wird. Die Welt, wie wir sie als Kinder des 20. Jahrhunderts kennen, wird nicht mehr existieren. Als Unternehmer ist es gefährlich, Unternehmensentscheidung abhängig von Emotionen zu entscheiden. Aus diesem Grund wollen viele Unternehmer die Entwicklung nicht wahrhaben und vor allem wollen sie diese nicht in ihre Unternehmen implementieren. Die Welt veränderte sich jedoch in den letzten 10 Jahren vehement. Ein Blick in U-Bahnen, Fitnessstudios und Diskotheken genügt. Mehr als die Hälfte aller Menschen sitzt vor dem Handydisplay.

Ich erinnere mich an mein erstes Nokia Handy, welches fünf Tage lang nicht aufgeladen werden musste. Besonders erinnere ich mich an die einzeln abgetippten SMS-Nachrichten, die man mit diesem Handy versenden konnte. Neun Felder – jedes Feld mit drei Buchstaben. Wenige Jahre später wurden wir von Innovationen überrannt. Ich besaß in meiner damaligen Wohnung, der meiner Eltern, einen alten Computer mit sehr schlechtem WLAN Empfang. Meine Eltern mussten jedes zweite Wochenende einen Techniker anrufen, die diesen riesigen PC installieren und einstellen mussten. Eines Tages sah ich meinen Cousin mit einem nagelneuen iPhone. Das Besondere? Dieses iPhone besaß Internetempfang außerhalb seines Hauses. Mir kam das surreal vor. Ich erinnere mich an den ersten Tag, als ich ebenfalls ein iPhone gekauft habe und außerhalb meiner Wohnung kostenlos über Kommunikations-Apps wie WhatsApp mit Freunden in Kontakt bleiben konnte.

Schauen wir uns die Welt heute an – nicht einmal zehn Jahre nach dem Erwerb meines ersten iPhones. Kinder im Alter unter zwölf Jahren besitzen alle ein Smartphone und kennen sich besser als ihre Eltern mit der modernen Technologie aus. Für die nachkommende Generation von Jugendlichen gab es keine Zeit ohne Internet und Smartphone. Dies ist kein sozialkritisches Buch. Wir sind alle Unternehmer und interessieren uns für die Zukunft. Aus diesem Grund können wir diese „Bewegung" nicht länger ignorieren und müssen uns anschließen. Zeitungen, Fernseher und das Radio werden abgelöst. Facebook, YouTube und in letzter Zeit Podcasts genießen immer mehr an Popularität. In den kommenden Jahren sehen wir eine Veränderung der Kultur in „Virtual Reality“ und „Augmented Reality“, welche bereits 2018 riesengroße Märkte sind. Die Welt, wie wir sie heute kennen, wird in wenigen Jahren nicht mehr existieren. Dies ist keine schlechte Entwicklung. Wir sprechen beim Internet von einer der revolutionärsten Erfindungen unserer Zeit. Das Internet gibt den Menschen Freiheit. Das Internet gibt uns die Möglichkeit, freier zu leben und die Vorteile der modernen Welt zu genießen. Du möchtest deine Meinung mit der Welt teilen? Nur zu! Drehe ein YouTube Video. Du besitzt die Möglichkeit, alle Menschen dieser Welt zu erreichen. Du benötigst keine Zustimmung oder Verträge mit höheren Instanzen. Wir bewegen uns immer mehr in eine Welt, die von Chancengleichheit regiert wird. Über Milliarden von Stunden kostenloses Bildungsmaterial befindet sich mittlerweile auf YouTube. So gut wie alle Haushalte in Deutschland besitzen einen funktionierenden Computer. Jeder Mensch kann sich unabhängig seiner momentan finanziellen Situation weiterbilden.

Das Internet lässt uns in Dimensionen arbeiten, die zuvor nicht möglich waren. Das Internet verändert die Welt in eine positive Richtung. Ich bin nicht blind. Ich weiß, dass diese Entwicklung auch ihre negativen Seiten mit sich bringt. Doch aus persönlicher und unternehmerischer Sicht wertschätze ich die positiven Aspekte des Internets und unserer „neuen“ Welt.

„Das Smartphone kontrolliert die Welt. Personen, die sich mit Online-Marketing auskennen, werden zukünftig die besten Voraussetzungen besitzen, um viel Geld zu verdienen, vielen Menschen zu helfen und gleichzeitig finanziell frei zu leben. Es ist vollkommen egal, wie anstrengend es ist, diese Kunst zu lernen. Es lohnt sich allemal.“

Unternehmen, die kein Marketing über das Internet betreiben, büßen hohe Umsatzzahlen ein. 80 % der Unternehmen besitzen 2018 immer noch keine ausreichende Online-Präsenz. Eine einfache Google-Suche genügt und du realisierst, dass mittelmäßige Internetseiten ohne ausreichende Informationen über ihre Unternehmen das Internet kontrollieren. Sobald du dir Fähigkeiten für Online-Marketing und besonders in der momentanen Zeit für Facebook- und Instagram Marketing aneignest, besitzt du eine Fähigkeit, welche künftig sehr wertvoll und nachgefragt ist. Hierfür bietet sich das Dropshipping Geschäftsmodell nicht nur perfekt an, um dir ein weiteres finanzielles Standbein aufzubauen, sondern du kannst darüber hinaus eine durchaus wichtige Fähigkeit erlernen. Ich möchte dir im Folgenden eine Liste von Einnahmequellen mitgeben, welche ich in den ersten Jahren meiner Karriere anwandte und somit zusätzliches Einkommen generierte.

ONLINE MARKETING EINKOMMENSQUELLEN

- **Print on Demand und Dropshipping Shops**

Dies ist meist der Ausgangspunkt für viele Online-Marketer. Sie erlernen mit wenig Startkapital, ein profitables Unternehmen aufzubauen, welches ihnen finanzielle Freiheit oder ein Nebeneinkommen bietet. Im Laufe der Zeit nutzen sie ihre Fähigkeiten, um neue Wege anzutreten und ihre finanziellen Standbeine zu erweitern.

Ich höre oftmals die Frage, wieso ich meine Tipps und Geheimnisse denn weitergebe, wenn E-Commerce mehrere tausende Euro in der Woche abwerfen kann. Einerseits genügt ein kleiner Teil vom Kuchen, um ein monatliches Einkommen von 10.000 € zu verdienen. Andererseits drehen sich Aktionen von Menschen nicht immer nur um Geld. Geld gibt es unendlich viel auf der Welt und ist von den meisten erfolgreichen und glücklichen Unternehmern niemals der Hauptmotivationsfaktor.

- **Freelancing auf Upwork**

Upwork bietet die perfekte Plattform, um für deine Freelancing Fähigkeiten bezahlt zu werden. Online

Marketer mit Deutschkenntnissen werden weltweit gesucht und werden sehr gut bezahlt. Melde dich als Freelancer an und baue dir ein weiteres finanzielles Standbein auf.

- **Social Media Marketing Agentur für lokale Unternehmen**

Trotz meines Startkapitals durchlebte ich eine Zeit, in welcher ich meine letzten finanziellen Ressourcen aufbrauchte. Zeitgleich kontaktierte ich verschiedene lokale Unternehmen und bat ihnen meine Online Marketing Dienste kostenlos für ihre ersten Kampagnen an. So gut wie alle Kunden bezahlten mich wenige Wochen später für weitere Kampagnen. Schenke deinen Kunden ihre erste Kampagne, da viele (ältere) Unternehmer das Potenzial hinter Online Marketing nicht verstehen. Sobald die ersten Resultate zu sehen sind, kannst du hohe Beträge für deine Dienste in Rechnung stellen.

Ich erhalte wöchentlich Angebote von verschiedenen Unternehmen, um ihnen beim Facebook-Marketing auszuhelfen. Viele renommierte deutsche Online-Unternehmen bezahlen hierfür ausgehend von deinen Fähigkeiten hohe Summen, welche bei 1.000 € monatlich starten. Online-Marketing gehört zu den selteneren Fähigkeiten der modernen Arbeiterwelt. Studenten, welche betriebswirtschaftliche

Studiengänge besuchen, lernen wenige Prinzipien und Strategien für Social Media Marketing. Das Ändern des Lehrplans dauert sehr lange und muss durch viele Instanzen bestätigt werden. Bis Studenten eine komplette Social Media Marketing Vorlesung genießen dürfen, wird noch sehr viel Zeit vergehen. Ich arbeitete mit einer großen Bandbreite an Unternehmen zusammen, welche die fehlende Online Marketing Kompetenz bei Bachelorstudenten kritisieren. Glücklicherweise beschäftigen sich immer mehr Studenten in ihrer Freizeit mit dieser Thematik.

Ich habe vor kurzem einem Beauty Studio eine Werbekampagne über Clickfunnel in Kombination mit einer einfachen Werbeanzeige von 50 € erstellt. Clickfunnel ist eine Software für die Erstellung von Webseiten. Mit Hilfe von dieser Werbekampagne konnte ich diesem Beauty Studio über 15 Kunden senden. Diese bezahlten pro Person 200 - 400 € im ersten Monat. Hierbei beachten wir nicht den Customer Lifetime Value. Nun kannst du dir ausrechnen, welch einen Betrag du für diese Anwendung in Rechnung stellen könntest. Das Beauty Studio gehört meiner Mutter und ich bot diesen Service deshalb kostenlos an. Ihren Umsatz durch eine einfache Werbeanzeige zu erhöhen, ist ein großartiges Gefühl. Mit der Erstellung der Webseite hat mich dies nicht einmal eine Stunde gekostet.

- **Investments**

Nachdem ich angefangen habe, regelmäßig Geld zu verdienen, investierte ich monatlich einen prozentualen Anteil meines Einkommens in Wertanlagen. Zu meinen erfolgreichsten Anlagen gehören meine Investitionen in Kryptowährungen im Jahr 2017. Ist es heute bereits zu spät, um in Kryptowährungen einzusteigen? Ich würde sogar behaupten, die Zeit ist noch gar nicht gekommen. Als Online Marketing Sympathisant erkannte ich früh die Möglichkeiten, welche sich mit Kryptowährungen und durch die neue Technologie der Blockchain ergaben. Der Kryptomarkt befindet sich momentan bei 250 Milliarden Dollar und wird in den kommenden Jahren auf mindestens 10 Billionen Dollar ansteigen. Werfe einen Blick in die „Kryptowährungen Investment Bibel". In dieser erfährst du alles, was du zum Thema wissen musst (www.aposvalley.de/KryptoBibel). Auf meinem YouTube Channel findest du hingegen kostenlose Informationen über diese Thematik, falls du dich dafür interessierst, wie du dein verdientes Vermögen richtig reinvestieren kannst und jährliche Profite daraus gewinnst.

FACEBOOK MARKETING: EINLEITENDE WORTE

Da wir nun die Vorteile und Aussichten der Online-Marketer besprochen haben, geht es im nächsten Kapitel um die praktische Umsetzung deiner ersten Werbeanzeige. Du hast bereits gelernt, wie du deine Nische und die Produkte auswählst und diese in deinen Shop integrierst. Nun wird diskutiert, welche verschiedenen Marketingkanäle du für das erfolgreiche Bewerben deiner Produkte verwenden kannst. Auch an dieser Stelle unterscheiden sich manche Punkte vom Social-Media-Marketing mit Shirts. Andere Punkte hingegen sind wieder ähnlich aufgebaut und können unverändert bleiben.

Die meisten Tipps und Tricks sind an Facebook und Instagram Werbeanzeigen angepasst, doch können ähnlich für Google, YouTube, Snapchat, Twitter und alle restlichen Social-Media-Kanäle angewendet werden. Bevor du deine erste erfolgreiche Facebook-Werbeanzeige schaltest, musst du deine Zielgruppe richtig definieren und auswählen. Hierfür benötigst du eine Facebook-Fanseite und ein Facebook-Werbekonto.

Facebook-Fanseite erstellen

Nachdem du dich in deinen Account einloggst, kannst du deine Facebook-Fanseite in den Einstellungen unter „Seite erstellen“ kreieren. Fülle alle notwendigen Informationen aus und versehe deine Seite mit einem interessanten Titelbild, Profilbild und Beiträgen. Lade außerdem deine Freunde ein, diese Seite mit „Gefällt mir" zu markieren. Doch zerbreche dir nicht den Kopf, eine bestimmte Anzahl an Likes zu erhalten. Anfangs erreichst du Kunden mit bezahlter Werbung. Deine Kunden werden direkt auf deinen Shop weitergeleitet. Im Laufe der Zeit erreichst du natürlich auch durch organische Reichweite Kunden. Plane in der Woche eine halbe Stunde ein, um für jeden Tag einen Post im Voraus einzustellen. Die „Planen" Funktion ermöglicht dir, Datum und Uhrzeit der Veröffentlichung im Vornherein festzulegen. Dies erhöht deine organische Reichweite, das Vertrauen in deinen Shop und trägt zur positiven Markenbildung bei.

Facebook-Werbekonto erstellen
(www.business.facebook.com)

Willkommen zum Back-End von Facebook: Das Facebook für Marketer.
Nachdem du dir auf dieser Seite einen Account erstellst, kannst du auf jede mögliche Marketing-Funktion zugreifen. Hierunter zählen verschiedenste Facebook-Werbeanzeigen, der Facebook-Pixel und vor allem Werbestatistiken. Erstelle für jeden neuen Onlineshop ein eigenes Werbekonto, sodass du die Übersicht über deine Abrechnungen im Auge behalten kannst. Nimm dir einen Augenblick Zeit und klicke durch die verschiedenen Funktionen und Vorteile deines neuen Kontos.

ZWISCHEN VERSCHIEDENEN KAMPAGNENZIELEN AUSWÄHLEN

Facebook bietet jedem Marketer das richtige Tool, um das gewünschte Resultat zu erreichen. Sobald du eine neue Werbeanzeige erstellst, bietet dir Facebook über zehn verschiedene Marketingmethoden an. Dies schreckt viele Anfänger ab. Außerdem wählen viele Online Marketer das falsche Kampagnenziel, da sie sich nicht die Zeit nehmen, die Algorithmen von Facebook näher kennenzulernen. Wir konzentrieren uns vorerst auf die wichtigsten AD-Formen. Erfahrene und erfolgreiche Marketer benutzen so gut wie immer dieselben Kampagnenziele, welche dir im Folgenden nähergebracht werden. Doch vorerst wird die Thematik diskutiert, nach welchen Daten Facebook ihre Benutzer kategorisiert.

Hierbei macht es keinen Unterschied, ob Dropshipping Artikel, Shirts oder Werbung für lokale Unternehmen vom Online-Marketer beworben werden. Hier gilt stets dasselbe Prinzip. Aus diesem Grund wird dieses Kapitel sehr viel Ähnlichkeit mit dem E-Commerce Vorgänger „Online Geld verdiene durch T-Shirts“ haben. Einige Sachen, die beim Dropshipping besonders beachtet werden müssen, wurden natürlich hinzugefügt. Falls du den Vorgänger bereits gelesen hast, dann wirst du wohlmöglich nach dem ersten Lesen und den ersten Anwendungen den ganzen Bereich genauer verstehen und es werden mehrere Zusammenhänge Sinn ergeben.

Falls dies deine erste Begegnung mit dieser Thematik ist: Keine Sorge! Schalte deine ersten Werbeanzeigen nach diesem Muster und du wirst innerhalb der nächsten Tage deine ersten Verkäufe generieren. Ich möchte dir mit diesem Werk eine hundertprozentige Garantie geben, dass du einen ersten Verkauf tätigen wirst. Dieser ist zeitgleich der Schwierigste von allen. Deshalb wurden am Ende des Werkes alle möglichen Faktoren näher beschrieben, welche dich an deinem ersten Verkauf hindern könnten. Übung macht den Meister.

Die wichtigsten Daten, nach welchen Facebook seine Benutzer kategorisiert

CONVERSION: Benutzer, die viel im Internet einkaufen und besonders von Facebook-Werbeanzeigen zum Kauf verleitet werden.
TRAFFIC: Benutzer, die oft auf Webseiten klicken, jedoch weniger gewollt sind, Artikel online zu bestellen.
INTERAKTIONEN: Benutzer, die viele Beiträge mit „Gefällt mir" versehen, kommentieren oder Freunde markieren.

Zu welcher Kategorie gehörst du deiner Meinung nach? Ich bin mir sicher, dass mich Facebook unter „Traffic" kategorisiert. Ich klicke auf viele Werbeanzeigen, um diese genauer zu analysieren. Einen Kauf tätige ich jedoch sehr selten.

Der Mythos von PPC (pay per click)

In Online Marketing Kreisen wird der Begriff PPC oftmals falsch interpretiert. Viele Leute glauben, dass sie für eine Werbeanzeige bezahlen, sobald eine Person auf diese klickt. Das ist jedoch ein Mythos. Du bezahlst nicht sobald eine Person auf deine Werbeanzeige klickt, sondern du bezahlst dafür, dass Facebook deine Werbeanzeige 1.000 Leuten vorstellt. Je gezielter dein Targeting ist und je stärker die Werbeanzeige mit deiner Zielgruppe sympathisiert, desto mehr senkt sich dein CPM (cost per thousand impressions) Wert. Da Leute nun vermehrt deine Werbeanzeige sehen, zahlst du weniger Geld für die Veröffentlichung dieser Werbeanzeige an 1.000 Leute. Dies resultiert folglich mit einem niedrigeren „Pay per Click" Wert.

Analyse von Facebook Werbeanzeigen

Nachdem du eine Werbeanzeige schaltest, kannst du alle wichtigen Informationen, Daten und Statistiken online einsehen. Dieses Feature ermöglicht dir, erfolgreiche Werbeanzeigen höher zu skalieren und profitlose Werbeanzeigen offline zu stellen. Der wichtigste Faktor ist hierbei der CPO Wert (cost per order). Je nach Kampagnenziel unterscheiden sich die Werte. Ein „Conversion-Klick" ist qualitativ hochwertiger und gewollter zu kaufen als ein „Traffic-Klick". Aus diesem Grund ist der „Conversion-Klick" teurer.

Wiederholung

CONVERSION

Grundlegend definiert „Conversion“ eine bestimmte Aktion, welche vom Kunden durchgeführt wird. Hierzu zählen beispielsweise Käufe, Anmeldungen, oder Webseitenklicks. Im E-Commerce wird der Ausdruck „Conversion“ häufig verwendet, sobald Webseiten-Besucher zu zahlenden Kunden konvertiert werden.

CPO (cost per order)

Der „CPO“ Wert wird verwendet, um die Kosten zu ermitteln, welche für die erfolgreiche Akquise eines Kunden (=Bestellung) aufgewendet wurden. Dieser Wert wird errechnet, indem die Gesamtkosten einer Marketingkampagne durch die Anzahl der erhaltenen Bestellungen dividiert wird.

CPC (cost per click)

Der „CPC Wert“ beschreibt die Kosten pro getätigtem Klick auf eine Werbeanzeige.

CPM (cost per „mille“ = cost per thousand impressions)

Viele Online-Anzeigen werden auf Basis der „CPM“ abgerechnet. CPM beschreibt hierbei die Kosten für 1.000 Impressionen. Sobald eine Werbeanzeige beispielsweise zum Preis von 10 € an 1.000 Personen ausgeliefert wird, beträgt der Tausenderpreis 10 €.

CTR (click-through-rate)

Die „click-through-rate“ ist das Verhältnis von Nutzern, die auf einen bestimmten Link klicken, zu der Gesamtanzahl der Nutzer, der diese Werbeanzeige angezeigt wurde. Dieser Wert wird häufig verwendet, um den Erfolg einer Online-Werbekampagne für eine bestimmte Webseite sowie die Effektivität der Kampagne zu messen.

CUSTOMER LIFETIME VALUE

Der „Customer Lifetime Value” gibt an, welchen Betrag ein Kunde über die gesamte Zeit seiner Kundschaft für ein Unternehmen einbringt.

DAS WICHTIGSTE KAMPAGNENZIEL: CONVERSION ADS

Conversion ADS (Webseite)

Dies ist die erfolgreichste Methode, um deine Produkte online zu verkaufen. Conversion-Kampagnen beabsichtigen hierbei nicht nur Käufe. Wenn du im Menü das Conversion-Ziel „In den Einkaufswagen“ auswählst, gilt es als ein erfolgreiches Conversion-Event, sobald ein Kunde das Produkt in den Einkaufswagen legt. Somit kannst du durch Conversion ADS nicht nur Käufe erzielen, sondern auch Leads sammeln.

Facebook besitzt eine riesige Datenbank an Informationen über jeden einzelnen Nutzer. Jede Aktivität innerhalb und auch außerhalb von Facebook wird hierbei notiert. Dies klingt im ersten Moment erschreckend. Das Unternehmen achtet jedoch darauf, dass diese Daten unter keinen Umständen an dritte Anbieter gelangen. Zwar kannst du deine Werbeanzeige genau auf deine Zielgruppe schalten, erhältst jedoch, insofern sie noch nicht deine Kunden sind, keine Namen oder persönliche Daten deiner Kunden.

Wieso Conversion ADS?

Conversion ADS gehören vergleichsweise zu den teureren Werbeanzeigen, zeigen dennoch die besten Resultate. Der durchschnittliche CPC-Wert ist teurer als bei Traffic Werbeanzeigen. Meine ersten Werbeanzeigen waren „Webseiten Traffic ADS“. Durch diese hielt ich meinen CPC sehr niedrig. Das heißt für wenige Cent klickten Leute auf meinen Shop, doch dadurch erzielte ich wenige bis keine Verkäufe. Die Qualität pro Klick ist bei weitem nicht so gut wie bei Conversion ADS.

Ein weiteres Kampagnenziel: Interaktionen (PPE) ADS

Dieses Kampagnenziel ermöglicht dir, Interaktionen auf deinem Beitrag zu sammeln. Wie der Name bereits sagt, ist dies weniger nützlich, um Verkäufe zu erzielen. Du kannst auf einen Beitrag sowohl eine „Conversion AD“, als auch „Interaktionen Ads“ gleichzeitig laufen lassen, um mehrere „Gefällt mir“-Angaben, Kommentare und gleichzeitig organische Reichweite zu kreieren.

SCHRITT FÜR SCHRITT: DEINE ERSTE FACEBOOK WERBEANZEIGE MIT CONVERSION (WEBSEITE) ADS

Conversion Event

Welche Art von Conversion-Event beabsichtigst du? Du kannst beispielsweise zwischen „Inhalt anzeigen", „In den Einkaufswagen", „Lead", „Kauf" und vielen anderen Events unterscheiden.

Für den Anfang gilt:
„In den Einkaufswagen" > „Käufe"

Insofern du noch keine Verkäufe auf deiner Webseite erzielt hast, starte deine Webseiten Conversion AD mit dem Conversion Event „In den Einkaufswagen". Nachdem du 50 - 100 erfolgreiche Verkäufe generiert hast, kannst du das Conversion Event auf „Käufe" stellen. Deine Werbeanzeige und insbesondere dein Pixel benötigen Käufer, bis diese automatisch die optimalen Einstellungen für deine Werbeanzeige anpassen können. Das Conversion Event direkt auf „Käufe" zu setzen, wird deine AD Leistung senken.
Direkt eine Webseiten Conversion AD mit dem Conversion Event „Käufe" zu schalten ist ähnlich wie eine Frau anzusprechen und sie innerhalb der ersten Sekunden zu fragen, ob sie mit dir schlafen möchte. Gib ihr (deiner Facebook Werbeanzeige) die benötigte Zeit: Generiere 50 - 100 Käufe. Erst danach kannst du all deine Werbeanzeigen auf „Käufe" stellen.

Zielgruppe

Das richtige Definieren der Zielgruppe ist ein unglaublich großer und wichtiger Themenbereich. Aus diesem Grund befindet sich im weiteren Verlauf des Werkes ein extra Kapitel hierfür. Bevor du deine erste Werbeanzeige schaltest, arbeite das Kapitel „Zielgruppen bestimmen (Targeting) – Teil 1 und 2“ durch.

Platzierungen

Wo sollen deine Werbeanzeigen platziert werden? In den meisten Fällen sorgen Facebook (Feeds, Instant Articles) und Instagram (Feed, Stories) für das beste und günstigste Ergebnis.

Budget und Zeitplan

Setze dein Tagesziel auf ein Budget von 5 € und lass die Werbeanzeige 5 Tage durchlaufen, um ein Produkt zu testen. Ausgehend von den Resultaten kannst du diese Werbeanzeige hochskalieren oder deaktivieren. Die Daten genügen in den meisten Fällen, um zu analysieren, ob die Werbeanzeige bzw. das Produkt profitabel ist.

[Klick: Weiter]

Identität: Facebook-Seite und Instagram Konto

Dein Unternehmen wird in der Werbeanzeige von der ausgewählten Facebook-seite und dem Instagram-

Konto repräsentiert. Füge hier deshalb deine neu erstellten Seiten ein.

Beitragsformat

Du kannst zwischen verschiedenen Beiträgen auswählen, welche für Conversion ADS in Frage kommen.

Beitragsformat #1: Fotobeitrag (1200x1200 Pixel)

Ein normaler Fotobeitrag mit Beschreibung.

Beitragsformat #2: Linkbeitrag (1200x628 Pixel)

[In Kombination mit Darkpost]

Sobald dein potentieller Kunde auf das Werbebild klickt, wird dieser auf die gewünschte Webseite weitergeleitet.

Beitragsformat #3: Videobeitrag (1200x1200 Pixel oder 1280x720 Pixel)

Da sich Facebook immer mehr zu einer videobasierten Social Media Plattform entwickelt, wie Herr Zuckerberg in seinen letzten Berichten erwähnte, ist das Bewerben von Videos im Vergleich zu Fotos günstiger. Allerdings ist dies gleichzeitig mit einem höheren Aufwand verbunden. Werbeanzeigen mit Video ADS erzielen vergleichsweise einen besseren CPM-Wert als Fotobeiträge.

Tools für ein erfolgreiches Werbevideo:

- Adobe Premiere Pro
- Freelancer auf Fiverr: www.fiverr.com

Produktbeschreibungen

Produktbeschreibungen im Dropshipping spielen im Gegensatz zum Print-on-Demand eine sehr große Rolle. T-Shirts werden in den meisten Fällen aufgrund des Logos oder Designs gekauft. Artikel hingegen benötigen oftmals eine kleine Erklärung über das angebotene Produkt. Hierbei ist es nicht nur wichtig, welche Produktbeschreibungen deine Facebook Werbung beinhaltet, sondern auch deine Produktbeschreibung auf der Produktseite im Shop. Benutze gleichzeitig ein Profilfoto, welches professionell wirkt und das Produkt klar und deutlich beschreibt.

Beispiel: Schmetterlingsdekoration

[1] Schmetterling Lover? [Schmetterling Smiley] Wir haben gerade deine Lieblings-Dekoration aufgestockt!

[2] Kauf deins hier: [Link]

[3] Markiere eine Freundin, die das unbedingt sehen muss!

Veröffentlichungslevel

Veröffentlichungslevel #1: Live Post [bestehenden Beitrag verwenden]

Beim Live Post handelt es sich um einen normalen Facebook-Beitrag, welcher auf deiner Fanseite veröffentlicht wird. Im Vergleich zum Darkpost sammelt dieser mehr Interaktionen und führt somit, aufgrund der hohen Anzahl von „Gefällt mir"-Angaben, „Kommentaren" und „Geteilten Beiträgen", zur automatischen Vorselektion. Dieser psychologische Trick nennt sich „social proof". Liveposts müssen kreiert werden, bevor diese beworben werden können.

Veröffentlichungslevel #2: Darkpost [Werbeanzeige erstellen]

Falls du eine Werbeanzeige auf Facebook entdeckst, welche nicht auf der Fanseite gelistet wird, wurde diese über einen „Darkpost" veröffentlicht. Dies hat den Vorteil, dass Konkurrenten deine Posts/Beiträge/Produkte nicht stehlen können. Dies ist hilfreich, sobald du mehrere Produkte am Tag veröffentlichst, jedoch deinen Followern nicht direkt drei verschiedene neue Produkte an einem Tag zeigen möchtest. Durch einen Darkpost kannst du Beiträge „versteckt" bewerben.

WIEDERHOLUNG:
WELCHES KAMPAGNENZIEL MUSS ICH BENUTZEN?

- Dropshipping-Produkte Testen?

Antwort: Webseiten Conversion ADS

- Skalieren?

Antwort: Webseiten Conversion ADS

- Produkte verkaufen?

Antwort: Webseiten Conversion ADS

- Produktverkauf mit Videobeiträgen?

Antwort: Webseiten Conversion ADS

- Retargeting deiner Kunden?

Antwort: Webseiten Conversion ADS

EFFEKTIVES TARGETING UND ZIELGRUPPEN BESTIMMEN

Der wichtigste und zeitintensivste Faktor für erfolgreiche Werbeanzeigen ist das richtige Bestimmen der Zielgruppe. Gehe hierbei immer nach dem gleichen Prinzip vor: Teste in einer Nische verschiedene Interessensgruppen und analysiere, in welcher Interessensgruppe sich potentielle Käufer befinden.

Leitfaden zur Identifikation potentieller Käufer einer Nische

1. Kategorisiere verschiedene Interessensgruppen.
2. Speichere verschiedene Interessensgruppen.
3. Teste verschiedene Interessensgruppen.
4. Dokumentiere die Resultate und wähle künftig nur noch profitable Interessensgruppen aus.

1. Identifiziere verschiedene Interessensgruppen

Dies ist die wichtigste Aufgabe beim Analysieren von Interessensgruppen. Kategorisiere stets nach denselben Interessensgruppen. Je nach Nische unterscheidet sich die Anzahl und die Kaufbereitschaft der Personen in der Interessensgruppe. Eine potentielle Reichweite von 75.000 - 500.000 Personen in einer gespeicherten Zielgruppe ist perfekt. Im Folgenden sind die unterschiedlichen Interessensgruppen abgebildet, die möglich sind. Ich werde einige Beispiele aufführen, um dir ein Bild über diese Taktik zu verschaffen.

EVENTS

FACEBOOK SEITEN

WEBSEITEN

PROMIS/BERÜHMTE PERSONEN

JOB TITEL

FILME UND SERIEN

INTERESSENSGRUPPEN

AUSSTATTUNG

MARKEN

BREITGEFÄCHERTE INTERESSENSGRUPPEN

VEREIN / GRUPPEN

SHOPS

Beispiel 1: Entrepreneurship

Dropshipping Beispielartikel zum Bewerben: Motivierende Poster

Interessensgruppe: Breitgefächerte Interessensgruppen

In dieser Zielgruppe sind allgemeine Interessensgruppen angegeben. Obwohl diese Zielgruppen sehr groß sind, werden sie durch eine allgemeine Kategorisierung sehr unpräzise. Um die Zielgruppen zu schmälern und gleichzeitig deine erreichten Personen genauer zu bestimmen, kannst du von Überkreuzungen Gebrauch machen. Personen des öffentlichen Lebens wie Gary Vaynerchuck oder Tai Lopez kann man aufgrund der hohen Reichweite unter anderem in „breitgefächerte Interessensgruppen" oder in die „Promis Interessensgruppen" kategorisieren. Manchmal überschneiden sich zwei Interessensgruppen.

Nische: Entrepreneurship
Standorte: Deutschland, Österreich, Schweiz
Wähle hier alle Länder aus, in welche du liefern möchtest.
Alter: 20 - 65 Jahre
Erfahrungsgemäß hat der Großteil der Personen bis 20 Jahre nicht allzu viel Geld auf dem Konto oder einen eigenen PayPal Account bzw. eine Kreditkarte.

Detailliertes Targeting (1):
Hier kannst du alle amerikanischen Unternehmer aufzählen, welche zu der Kategorie „Entrepreneurship" gehören. Im Folgenden gebe ich dir einen kleinen Ausblick von einem (möglichen) Targeting:

- Brian Tracy
- Gary Vaynerchuck
- Grant Cardone
- Napoleon Hill
- Robert Kiyosaki
- Russell Brunson
- Tai Lopez
- Tim Ferriss

Potenzielle Reichweite: 3.400.000 Personen

Überkreuzungen, um Zielgruppen genauer zu bestimmen.
Hierbei wird jede Person mitberücksichtigt, welche mindestens für einen Unternehmer ein „Gefällt mir" hinterlassen hat. Da unter dieser breitgefächerten Interessensgruppe eine hohe Anzahl an Personen kategorisiert wird, welche beispielsweise nur bei einem Gewinnspiel mitmachen wollten oder welche Tai Lopez' Autos weiterhin ansehen wollten, sind unter 3.400.000 Personen viele dabei, die nicht eine unglaubliche Leidenschaft an Entrepreneurship besitzen. Um dieses Problem zu lösen, überkreuzen wir eine Zielgruppe.

Detailliertes Targeting (2):
Hierbei wählen wir den Interessensbereich, welcher die meisten Personen kategorisiert und grenzen die Zielgruppe erneut ein.

Spalte 1:
- Brian Tracy
- Grant Cardone
- Napoleon Hill
- Robert Kiyosaki
- Russell Brunson
- Tai Lopez
- Tim Ferriss

Spalte 2:
- Gary Vaynerchuck (mit über 12 Millionen Interessen)

Neue potenzielle Reichweite: 1.500.000 Personen

Die neue Reichweite von ca. 1,5 Millionen Personen kategorisiert Unternehmer genauer, da sie unbedingt (1) Gary Vaynerchuck und (2) eine, der oben aufgezählten Unternehmer mit „Gefällt mir" markiert haben müssen. Dies garantiert eine neu definierte Zielgruppe mit leidenschaftlicheren Unternehmern. Da die Reichweite immer noch zu groß ist, wählen wir unter Spalte 1 die Person aus, welche die größte Reichweite besitzt und grenzen die Zielgruppe weiter ein.

Detailliertes Targeting (3):

Spalte 1:

- Brian Tracy
- Napoleon Hill
- Robert Kiyosaki
- Russell Brunson
- Tai Lopez
- Tim Ferriss

Spalte 2:

- Gary Vaynerchuck

Spalte 3:

- Grant Cardone

Neue potenzielle Reichweite: 770.000 Personen

Diese Überkreuzung kannst du solange durchführen, bis du deine gewünschte Größe erreichst. Die optimale Zielgruppe befindet sich zwischen 75.000 - 500.000. Da du alle Unternehmer miteinander kreuzt, entsteht eine neue Zielgruppe, welche ziemlich genau auf deine Wünsche angepasst ist. Eine Entrepreneur Werbeanzeige, die auf „Detailliertes Targeting (1)“ geschaltet wird, ist bei Weitem nicht so erfolgreich, wie eine Werbeanzeige, die auf „Detailliertes Targeting (3)“ geschaltet ist.

Beispiel 2: Hunde

Dropshipping Beispielartikel zum Bewerben: Hundebett, Hundegeschirre...
Interessensgruppe: Facebook-Fanseiten
Standorte: Deutschland, Österreich, Schweiz
Alter: 20-65 Jahre

Detailliertes Targeting (1):
Nachdem du einen Begriff in die Facebook- und Google-Suche eingibst, schlägt dir Facebook ähnliche Begriffe vor, nach welchen du aussondern kannst. Mische beispielsweise niemals Facebook-Seiten über Hunde mit Hundezubehör oder Hundefilmen.

- Mein Hund
- Dog Lover
- Dog Lovers Club
- Dogs Fans
- I love dogs
- I love my dog
- Ich liebe meinen Hund!

Potenzielle Reichweite: 1.700.000 Personen

Detailliertes Targeting (2):

Spalte 1

- Mein Hund
- Dog Lover
- Dog Lovers Club
- Dogs Fans
- I love my dog
- Ich liebe meinen Hund!

Spalte 2

- I love dogs (Reichweite: Über 13 Millionen)

Potenzielle Reichweite: 500.000 Personen

Beispiel 3: American Football

Dropshipping Beispielartikel zum Bewerben: Rugby, Ausrüstung
Interessensgruppe: Filme / Serien
Standorte: Deutschland, Österreich, Schweiz
Alter: 20-65 Jahre

Detailliertes Targeting (1):
Da mir keine Football Filme bekannt sind, tippe ich in Google erstmal den Begriff „Filme Football" ein. Die bekanntesten Filme übernehme ich in die Facebook Zielgruppenliste und lasse mir weitere Filme vorschlagen. Ich erhalte dieses Resultat:

- An jedem verdammten Sonntag
- Blind Side – Die große Chance
- Coach Carter
- Draft Day
- Gegen jede Regel
- Spiel auf Bewährung
- Spiel ohne Regeln

Potenzielle Reichweite: 52.000 Personen – Keine weitere Überkreuzung notwendig

Beispiel 4: Bodybuilding

Dropshipping Beispielartikel zum Bewerben: Nahrungsergänzungsmittel aus Deutschland
[Tipp für die Google-Suche: „Nahrungsergänzungen Dropshipping Deutschland]
Interessensgruppe: Berühmte Persönlichkeiten
Standorte: Deutschland, Österreich, Schweiz
Alter: 20-65 Jahre

Detailliertes Targeting (1):

- Arnold Schwarzenegger
- Jay Cutler
- Kai Greene
- Lazar Angelov
- Markus Rühl
- Phil Heath
- Ronnie Coleman
- Simeon Panda

Potenzielle Reichweite: 2.800.000 Personen

Detailliertes Targeting (2):

Spalte 1:

- Jay Cutler
- Kai Greene
- Markus Rühl
- Phil Heath

- Ronnie Coleman
- Simeon Panda

Spalte 2:

- Lazar Angelov

Spalte 3:

- Arnold Schwarzenegger

Potenzielle Reichweite: 130.000 Personen

Beispiel 5: Kaffee

Dropshipping Beispielartikel zum Bewerben: Besondere Tassen
[auf AliExpress: coffee mug]
Interessensgruppe: Ausstattung
Standorte: Deutschland, Österreich, Schweiz
Alter: 20-65 Jahre

Detailliertes Targeting (1):

- Espressomaschine
- Kaffeemaschine
- Kaffeemühle
- Kaffeepad
- Kaffeeröster

Potenzielle Reichweite: 1.400.000 Personen

Detailliertes Targeting (2):

Spalte 1:

- Espressomaschine
- Kaffeemühle
- Kaffeepad
- Kaffeeröster

Spalte 2:

- Kaffeemaschine

Potenzielle Reichweite: 75.000 Personen

Beispiel 6: House und Techno Musik

Dropshipping Beispielartikel zum Bewerben: Eventkarten für das nächste Festival (Notiz: Du kannst alles bewerben!)
Interessensgruppe: Events
Standorte: Deutschland, Österreich, Schweiz
Alter: 20-65 Jahre

Detailliertes Targeting (1):

- Tomorrowland
- Creamfields
- Echelon
- Electric Love Festival
- Ikarus
- Let it Roll
- Mysteryland
- Nature One
- Sea Dance Festival
- Street Parade
- Utopia Island

Potenzielle Reichweite: 1.900.000 Personen

Detailliertes Targeting (2):

Spalte 1:

- Creamfields
- Echelon
- Electric Love Festival

- Ikarus
- Let it Roll
- Mysteryland
- Nature One
- Sea Dance Festival
- Street Parade
- Utopia Island

Spalte 2:

- Tomorrowland

Potenzielle Reichweite: 200.000 Personen

Beispiel 7: Camping

Dropshipping Beispielartikel zum Bewerben: Campingausrüstung, Taschenlampen, Zelte...
Interessensgruppe: Marken
Standorte: Deutschland, Österreich, Schweiz
Alter: 20-65 Jahre

Detailliertes Targeting (1):

- Columbia Sportswear
- Jack Wolfskin
- Mammut
- Patagonia
- Salomon
- The North Face

Potenzielle Reichweite: 2.100.000 Personen

Detailliertes Targeting (2):

Spalte 1:

- Columbia Sportswear
- Jack Wolfskin
- Mammut
- Patagonia
- Salomon

Spalte 2:

- The North Face

Potenzielle Reichweite: 380.000 Personen

2. Speichere verschiedene Interessensgruppen

Nachdem du einzelne Interessensgruppen gespeichert und individuell benannt hast, kannst du zu Schritt 3 übergehen. Je mehr Interessensgruppen du hast, desto mehr Produkte kannst du veröffentlichen, da du eine hohe Anzahl an möglichen Kunden besitzt.

3. Teste verschiedene Interessensgruppen

In welcher der Interessensgruppen befinden sich die meisten Käufer? Um dies herauszufinden, testen wir jede Interessensgruppe zwei Mal. Hierfür benötigst du mindestens vier verschiedene Interessensgruppen und vier verschiedene Shirts. Jedes Produkt und jede Interessensgruppe erhält zwei separate Chancen. Wie immer: 5 € für 5 Tage.

Der Test

Facebook AD #1: Produkt 1 mit Interessensgruppe 1

Facebook AD #2: Produkt 2 mit Interessensgruppe 2

Facebook AD #3: Produkt 3 mit Interessensgruppe 3

Facebook AD #4: Produkt 4 mit Interessensgruppe 4

Facebook AD #5: Produkt 4 mit Interessensgruppe 1

Facebook AD #6: Produkt 3 mit Interessensgruppe 2

Facebook AD #7: Produkt 2 mit Interessensgruppe 3

Facebook AD #8: Produkt 1 mit Interessensgruppe 4

4. Kategorisiere und dokumentiere die Resultate

Du kannst durch diesen Test sehr viele Daten über deine Nische sammeln. In welcher Interessensgruppe befinden sich die Gewinner? Ausgehend von diesen Daten kannst du neue Shirts explizit für die Interessensgruppe designen lassen, welche am kaufwilligsten ist.

FACEBOOK PIXEL INSTALLIEREN UND ANWENDEN

Der Facebook-Pixel gilt beim E-Commerce als einer der wichtigsten Tools, um deine Werbeanzeigen optimal zu nutzen. Vor du deine ersten Werbeanzeigen schaltest, solltest du unbedingt ein Facebook-Tool installieren. Der Pixel ist ein unsichtbarer Code, welcher sich auf jeder einzelnen Seite von deinem Shop befindet. Die einzige Aufgabe dieses Codes ist das Sammeln von Daten über deine Kunden. Bei jedem Besuch wird der Pixel trainiert und sammelt mehr und vor allem detailliertere Informationen über deine potentiellen Kunden. Er hilft dir, Conversions von Facebook-Anzeigen nachzuverfolgen, Anzeigen basierend auf gesammelten Daten zu optimieren, zielgerichtete Personengruppen für zukünftige Anzeigen zu erstellen und qualifizierte Leads, die bereits etwas auf deiner Webseite unternommen haben, zu retargeten. Er funktioniert, indem er Cookies platziert und auslöst. Dadurch verfolgt er Nutzer, während diese mit deiner Webseite und deinen Facebook-Anzeigen interagieren. Da Shopify und Facebook miteinander kooperieren, benötigst du keine Codierungsfähigkeiten, um den Facebook Pixel zu installieren. Dies wird größtenteils von Shopify übernommen.

Vorteile des Facebook Pixels

Vorteil #1: Verfolgen von Conversions

Mit dem Facebook-Pixel kannst du verfolgen, wie die Nutzer nach dem Anzeigen deiner Facebook-Anzeige mit deiner Webseite interagieren. Du kannst Kunden sogar über ihre Geräte hinweg verfolgen, sodass kannst du feststellen, ob Nutzer deine Anzeige auf ihrem Handy sehen, aber vor dem Kauf auf ihren Desktop wechseln und umgekehrt. Diese Informationen können dir dabei helfen, deine Werbestrategie zu verfeinern und den Return on Investment zu berechnen.

Vorteil #2: Retargeting

Mithilfe der Pixel Tracking Funktion kannst du gezielt Anzeigen für Nutzer schalten, die deine Webseite bereits besucht haben. So kannst du verschiedenen Personen beispielsweise eine Anzeige für genau das Produkt zeigen, welches sie zuvor in den Einkaufswagen gelegt haben. Aus diesem Grund erstelle ich sogar für Webseiten, für welche ich noch keine Facebook-Werbeanzeigen schalte, zuallererst meinen Facebook Pixel, sodass er auf dieser Seite sitzt und alle Daten tracken kann.

Installation des Facebook-Pixels

Schritt 1: Kreiere für deinen Werbe-Account einen Facebook Pixel
In deinem Werbe-Account findest du unter dem Menüpunkt „Messung und Berichte" den Unterpunkt „Pixel".

Schritt 2: Erstelle deinen Pixel
Benenne deinen Pixel und akzeptiere die Bedingungen. Berücksichtige bei der Auswahl des Pixelnamens, dass du für jedes Anzeigenkonto nur einen Pixel erstellen kannst.

Schritt 3: Installiere den Code auf deiner Shopify Seite
Nachdem dein Pixel erstellt wurde, kopierst du den erhaltenen Code. Auf deiner Webseite kannst du unter „Online Store – Einstellungen" diesen Code im Feld „Facebook-Pixel" einfügen. Dein Facebook-Pixel ist somit erfolgreich installiert und trackt künftige Benutzerdaten.

WERBEANZEIGEN RICHTIG MANAGEN

„Was ist falsch mit meiner Werbeanzeige?!"

Die meisten Fehler werden während der Erstellung von Werbeanzeigen gemacht. Zuallererst ist es wichtig, realistische Erwartungen an deine Werbeanzeige zu haben.

Faktoren für eine erfolgreiche Werbeanzeige

- Richtiges Targeting
- Attraktives Produkt
- Leidenschaftliche Nische
- Produkt passt zu den Bedürfnissen deiner Käufer
- Überzeugende Beschreibung deiner Werbeanzeige
- Überzeugendes Produktbild
- Verschiedene Faktoren auf deiner Webseite (Lieferung, Vertrauen, Produktbeschreibung, ...)

Produkte testen mit 5 € für 5 Tage: Kein Cent mehr oder weniger!

Sobald deine Werbeanzeige bereits 5 € verbraucht hat und immer noch keinen Verkauf erzielt, besteht kein Grund zur Panik! Im Schnitt besteht deine Gewinnmarge aus 5 - 30 € pro verkauftem Produkt. Folglich heißt das, dass du bei 10 € investiertem Marketingbudget und einem Verkauf am dritten Tag immer noch eine profitable Werbeanzeige hättest! Facebook benötigt wenige Stunden bis Tage, bis deine

Anzeige die richtigen Leute erreicht. Gute Anzeigen von mir, welche ich später auf vierstellige Einsätze hochskalierte, generierten erst am dritten Tag Verkäufe. Was wäre passiert, wenn ich die Werbeanzeige bereits nach 10 € unterbrochen hätte? Wahrscheinlich hätte ich nie wieder eine Werbeanzeige für das Produkt kreiert und viele Kunden hätten das Produkt nicht gekauft. In meinem ersten Dropshipping Shop deaktivierte ich meine erste Werbeanzeige bereits nach 7 €. 7 Euro?! Facebook bekam nicht einmal eine faire Chance, die vollen Kapazitäten ihres Werbedienstes zu entfalten. Ich schaltete weitere Werbeanzeigen auf verschiedenste Produkte in diesem Shop. Jede Werbeanzeige deaktivierte ich zwischen 5 - 15 €. Wie du dir sicherlich denken kannst, schloss ich nach einem insgesamten Werbeeinsatz von 30 - 40 € meinen Shop. Der Gedanke des ersten Sells schien mir so weit entfernt wie noch nie!

Um die Fehler zu verstehen und um dich vor den Fehlern zu warnen, welche ich anfangs machte, warf ich noch einmal einen Blick auf meine ersten Werbekampagnen. Alle Faktoren sprachen für gutes Targeting, ein mittelmäßiges Produkt und eine gute Werbeanzeige. Doch ein Fehler stach mir immer wieder ins Auge: Das Werbebudget! Hätte ich die Werbeanzeige mit 25 € durchlaufen lassen, hätte ich bereits mit meinem ersten Shop einen profitablen Shopify E-Commerce Shop aufgebaut.

Realistische Erwartungen: Deine ersten zehn Produkte

Insofern du genügend Zeit mit dem Aufbau deines Shops verbracht hast, attraktive Designs kreieren lässt und das Targeting richtig durchführst, teile ich dir nun mögliche und realistische Resultate eines Online Marketing Anfängers mit:

6 von 10 Werbeanzeigen:	0 – 1 Verkauf pro Produkt
3 von 10 Werbeanzeigen:	1 – 2 Verkäufe pro Produkt
1 von 10 Werbeanzeigen:	3 + Verkäufe pro Produkt

Erfahrungsgemäß scheitern bei Anfängern sechs von zehn Produkten. Drei Artikel machen moderate Verkäufe und lediglich ein Artikel wird sehr oft verkauft. Der Gewinn resultiert aus dem richtigen Skalieren des am meisten nachgefragten Artikels und erstreckt sich bis hin zu fünfstelligen Umsätzen im Monat. (Kapitel: Skalieren)

„Was ist falsch mit meiner Werbeanzeige?!“

Szenario #1: Keine Verkäufe, trotz hohem Engagement und vielen Webseitenklicks

Dein Targeting ist durch das hohe Engagement gut und die Kunden sind an dem Produkt interessiert, da sie auf deine Webseite klicken. Doch durch Faktoren wie zu teure Lieferung, nicht vertrauenswürdige Webseite, unprofessionelles Logo uvm. sind potentielle Kunden abgeneigt, das Produkt zu kaufen.

Szenario #2: Hohes Engagement, aber keine Klicks

Deine Zielgruppe ist mit der Botschaft des Produkts einverstanden und gibt dir aus diesem Grund einen Klick, ein Like, einen Kommentar oder teilt den Beitrag. Doch das Produkt kommt für sie nicht in Frage. Beispielsweise könntest du ein gewöhnliches Hundebett veröffentlichen und dieses an Hundebesitzer targeten. Diesen wird der Beitrag gefallen und sie werden ihre Freunde markieren, doch aufgrund des nicht nachgefragten Produkts werden nur wenige bis hin zu keine Verkäufe zu Stande kommen.

Szenario #3: Kein Engagement und keine Klicks

Falls deine anvisierte Zielgruppe nicht einmal eine „Gefällt mir" Angabe abgibt, ist dein Targeting von Grund auf falsch angesetzt. Lese dir noch einmal das Kapitel „Zielgruppen bestimmen" durch und sehe dir hierzu die vorgegebenen Beispiele an. Bilde gegebenenfalls neue Interessensgruppen und führe verschiedene Tests durch, bis du eine profitable Interessensgruppe gefunden hast.

Anzeichen für eine profitable Werbeanzeige

1. VERKAUFTE EINHEITEN

2. CPM-Wert unter 10 €

3. CTR-Wert über 1 % bzw. **CPC-Wert** unter 1 €

Am Ende des Tages sind diese Daten nur Anzeichen für eine profitable Werbeanzeige. Achte jedoch verstärkt auf deine verkauften Einheiten. Daten wie CPM, CTR und CPC sind interessant anzusehen und zu analysieren, jedoch irrelevant, wenn deine Shirts keine Verkäufe tätigen.

Nach dem Produkttest: CUT oder SKALIEREN

Nachdem du ein Produkt getestet hast, gibt es nur zwei Entscheidungsmöglichkeiten:

1. CUT

Deine Werbeanzeige hat nach 25 € Werbebudget keinen Verkauf erzielt? Unterbinde die Werbeanzeige. Falls Faktoren wie CPM, CTR und CPC gute Zahlen geschrieben haben, verdient das Produkt einen weiteren Test.

2. SKALIEREN

Deine Werbeanzeige ist profitabel? Durch richtigen Skalierungsmöglichkeiten kannst du nun deinen Gewinn maximieren. Im nächsten Kapitel erfährst du mehr über vier verschiedene Skalierungsmöglichkeiten, welche du bei jedem profitablen Produkt anwenden kannst.

RICHTIG SKALIEREN

Mit Hilfe des Facebook Pixels und durch richtiges Skalieren, können wir unglaubliche Gewinne erzielen. Bevor wir uns näher mit den verschiedenen Skalierungsformen beschäftigen, kümmern wir uns um neue Zielgruppen. Diese machen das Skalieren erheblich effektiver und können dir sehr viel Geld einbringen. Am Ende des Kapitels findest du sechs Schritte, die dir Schritt für Schritt einen effektiven Skalierungsablauf beibringen.

Custom Audiences

(Business Facebook-Konto – Werbeanzeigenmanager – Zielgruppen)

Eine „Custom Audience" ist eine Zielgruppe, mit der du als Unternehmen bereits in Kontakt warst. Diese Zielgruppen kannst du im Werbeanzeigenmanager kreieren und im weiteren Verlauf explizit über Facebook-Werbung ansprechen.
Nachdem du dich in deinem Businessmanager auf Facebook eingeloggt hast und den Unterpunkt Zielgruppen ausgewählt hast, landest du auf einer Seite, welche sehr oft von Facebook überarbeitet wird und deshalb immer wieder Neuerungen enthält. Zuallererst erstellen wir auf dieser Seite verschiedene Zielgruppen durch „Custom Audiences". Im Folgenden erhältst du eine Liste der Custom Audiences, welche ich für jedes einzelne Unternehmen benutze. Diese werden bei

jedem Besuch aktualisiert und berücksichtigt. Aus diesem Grund sind diese Zielgruppen stets aktuell und benötigen keine Überarbeitung.

Vier Custom Audiences erstellen

Custom Audience 1: Webseiten-Traffic

Diese Audience ermöglicht dir, alle Besucher deiner Webseite erneut zu retargeten oder eine mögliche Lookalike Audience zu erstellen.

Name der Zielgruppe: CA_Alle_Webseitenbesucher_180Tage

Einstellungen

Personen einbeziehen, die [ALLE] der folgenden Kriterien erfüllen:

Alle Webseitenbesucher in den letzten 180 Tagen.

Custom Audience 2: Webseiten Traffic – bestimmtes Produkt

In den meisten Fällen möchtest du eine Zielgruppe erstellen, welche ein bestimmtes Produkt angesehen hat. In diesem Fall kannst du eine Custom Audience erstellen, welche eine bestimmte Webseite besucht hat.

Name der Zielgruppe: CA_Webseitenbesucher_Produkt_Test1

Einstellungen

Personen, die bestimmte Webseiten besucht haben in den letzten 180 Tagen.

URL enthält: [Hier Webseitenlink des Produkts einfügen]

Custom Audience 3: Webseiten Traffic – bestimmte Nische

Eine weitere Custom Audience, welche besonders profitabel sein kann, ist die nischenbasierte Audience. In einem meiner Shops verkaufe ich Produkte, welche besonders für Fußballfans attraktiv sind. Aus diesem Grund habe ich eine Custom Audience für Fußballfans generiert. In dieser gespeicherten Zielgruppe füge ich alle Produkte hinzu, welche fußballrelevant sind. Im weiteren Verlauf kann ich beim Release eines neuen Fußballprodukts diese gespeicherte Zielgruppe zum Verkauf meines neusten Produkts targeten. Da diese sich bereits als fußballinteressierte Webseitenbesucher herausgestellt haben, indem sie zuvor ein Fußballprodukt angeklickt haben, ist das Targeting sehr genau.

Name der Zielgruppe: CA_Webseitenbesucher_Fußballnische

Einstellungen

Personen, die bestimmte Webseiten besucht haben in den letzten 180 Tagen:

URL enthält: [Hier alle Webseitenlinks deiner Nischenprodukte (Bsp. Fußball einfügen)]

Custom Audience 4: Interaktionen – Facebook-Seite Interaktionen

Um alle Personen zu einer Zielgruppe zusammenzufassen, die mit deiner Fanseite in Verbindung waren, kannst du unter dem Menüpunkt „Interaktionen" eine neue Custom Audience erstellen.
Name der Zielgruppe: CA_Interaktionen_Fanseite

Einstellungen

Alle, die mit deiner Seite interagiert haben. In den letzten 365 Tagen.

Lookalike Audiences (LAA)
Vier Lookalike Audiences erstellen

Eine „Lookalike Audience“ gibt dir die Möglichkeit, neue Personen zu erreichen. Diese sind mit großer Sicherheit an deinem Unternehmen interessiert, da sie deinen besten Bestandskunden ähneln. Facebook ermittelt die Gemeinsamkeiten der Personen aus deiner Source Audience. Beispielsweise kannst du eine „Custom Audience“ als Ursprungs-Audience auswählen. Basierend auf den Daten deiner vergangenen Kunden ermittelt und vergleicht Facebook nun die gesamte Kundenbasis und schlägt dir in deiner Lookalike Audience Personen vor, die deinen vergangenen Kunden ähneln. Im Allgemeinen empfiehlt Facebook eine Source Audience, die zwischen 1.000 und 50.000 Personen enthält.

Im übertragenen Sinne heißt dies: Sobald du für ein Produkt 1.000 Webseitenbesucher hast, kannst du für diese 1.000 Webseitenbesucher eine Custom Audience erstellen, in der Facebook alle Daten dieser Personen vergleicht und zusammenfasst. Im nächsten Schritt kannst du eine Lookalike Audience mit einer Größe von mehr als 370.000 Personen kreieren. Sie ähnelt all deinen potentiellen Käufern. Im Folgenden werden dir Beispiele einer möglichen Lookalike Audience aufgezeigt. Hierzu musst du die Custom Audience Quellen bereits als Zielgruppe gespeichert haben.

Lookalike Audience 1: LAA Webseitenbesucher
Quelle: CA_Alle_Webseitenbesucher_180Tage
Ort: Deutschland, Österreich, Schweiz

Lookalike Audience 2: LAA für ein bestimmtes Produkt
Quelle: CA_Webseitenbesucher_Produkt_Test1
Ort: Deutschland, Österreich, Schweiz

Lookalike Audience 3: LAA für eine bestimmte Nische
Quelle: CA_Webseitenbesucher_Fußballnische
Ort: Deutschland, Österreich, Schweiz

Lookalike Audience 4: LAA aus Interaktionen mit deiner Fanpage
Quelle: CA_Interaktionen_Fanseite
Ort: Deutschland, Österreich, Schweiz

Vertikales Skalieren deiner Werbeanzeigen

Nachdem du nun die Custom Audiences und die Lookalike Audiences kreiert hast, kannst du im Fall eines profitablen Produkts weiter skalieren. Werbeanzeigen, die kein Profit generieren, werden nach 25 € abgeschaltet. Konzentriere dich nach dem Test nur auf Produkte und Werbeanzeigen, welche profitabel sind. Vertikales Skalieren gehört hierbei zu der wichtigsten Skalierungsmöglichkeit. Mit 5 € Werbebudget wirst du keine erheblichen Gewinne verzeichnen können. Kein Onlineshop mit einem monatlichen fünfstelligen Einkommen wird aus einem pro AD-Budget von 5 € kreiert. Sobald ein Produkt bzw. eine Werbeanzeige profitabel ist, nehme mehr Geld in die Hand und erhöhe deinen Gewinn. Erhöhe hierbei dein Budget so schnell wie möglich. Ich habe mir eine feste Uhrzeit (jeden Morgen um 08:00 Uhr) gesetzt, an der ich meine Werbeanzeigen und die Resultate kontrolliere und ggf. hoch- bzw. auch runterskaliere. Für viele Beginner ist es am Anfang erschreckend, das tägliche Budget einer Werbeanzeige von 5 € auf bis zu 150 € zu erhöhen. Es wird Tage geben, an denen du mit einem täglichen Werbebudget von 20 € über zehn Verkäufe in deinem Shop verzeichnest und andere Tage, an denen du mit 20 € keinen Verkauf tätigst. Das ist normal und das ist Teil jedes Unternehmens. Handle hierbei niemals emotional, sondern verlasse dich lediglich auf die Daten. Aus diesem Grund habe ich für dich, bei einer Marge von 10 €, folgende Skalierungsregeln für das vertikale Skalieren zusammengestellt. Du kannst diese Tabelle beliebig für jede Marge umändern und individuell gestalten.

VERTIKALE SKALIERREGELN

TAGESBUDGET 5 €

VERKÄUFE	BUDGET NEU	GEWINN
0	5 €	-5 €
1	10 €	5 €
2	10 €	15 €
3	20 €	25 €
4	20 €	35 €
5	25 €	45 €

TAGESBUDGET 10 €

VERKÄUFE	BUDGET NEU	GEWINN
0	10 €	-10 €
1	10 €	0 €
2	20 €	10 €
3	20 €	20 €
4	25 €	30 €
5	25 €	40 €
6	30 €	50 €

TAGESBUDGET 20 €

VERKÄUFE	BUDGET NEU	GEWINN
0	15 €	-20 €
1	15 €	-10 €
2	20 €	0 €
3	20 €	10 €
4	30 €	20 €
5	30 €	30 €
6	35 €	40 €
7	40 €	50 €

TAGESBUDGET 35 €

VERKÄUFE	BUDGET NEU	GEWINN
0	25 €	-35 €
3	35 €	-5 €
6	50 €	25 €
9	75 €	55 €

TAGESBUDGET 50 €

VERKÄUFE	BUDGET NEU	GEWINN
0	35 €	-50 €
4	50 €	-10 €
8	75 €	30 €
12	100 €	70 €

TAGESBUDGET 75 €

VERKÄUFE	BUDGET NEU	GEWINN
0	50 €	-75 €
6	75 €	-15 €
12	100 €	45 €
18	125 €	105 €

TAGESBUDGET 125 €

VERKÄUFE	BUDGET NEU	GEWINN
0	100 €	-125 €
11	125 €	-15 €
18	150 €	55 €
23	175 €	105 €

TAGESBUDGET 150 €

VERKÄUFE	BUDGET NEU	GEWINN
0	100 €	-150 €
13	150 €	-20 €
20	175 €	50 €
27	200 €	120 €

Horizontal Skalieren

Horizontal Skalieren nach Interessensgruppen

Die einzige Intention vom horizontalen Skalieren besteht darin, neue Möglichkeiten für vertikales Skalieren zu kreieren. Nachdem du die ursprüngliche Werbeanzeige und somit das ursprüngliche Produkt vertikal skaliert hast, bietet sich nun die Möglichkeit, eine neue Werbeanzeige auf dasselbe Produkt mit bereits zuvor kreierten Interessensgruppen (Magazine, Gruppen, Marken, ...) zu platzieren. Du kannst die ursprüngliche Werbeanzeige duplizieren und lediglich die Zielgruppe ändern. So vermehre ich die Werbeanzeigen von einem profitablen Produkt auf über zehn Werbeanzeigen in einer Nacht. Teste jede Werbeanzeige mit einem Werbebudget von 25 € von neu und skaliere ausgehend von den individuellen Resultaten.

Die Interessensgruppen bilden hierbei deine „Munition“. Je mehr Interessensgruppen du bereits gebildet hast, desto mehr „Munition“ hast du, um Verkäufe zu erzielen. Beispielsweise habe ich in einem meiner Shops zehn verschiedene Interessensgruppen. Beim erfolgreichen Skalieren eines Produkts kann ich neben vertikaler Skalierung stets auf neun weitere Interessensgruppen skalieren. Neben der vertikalen und horizontalen Skalierung kannst du darüber hinaus noch Retargeting-Werbeanzeigen schalten und die zuvor kreierten LAA-Audiences targeten.

Horizontal Skalieren durch Retargeting

Für die Allgemeinheit mag es seltsam sein, wenn in deren Facebook-Feed eine Werbeanzeige für eine kürzlich zuvor besuchte Webseite erscheint. Für den Online Marketer hingegen ist das Retargeting eines der effektivsten Mittel, um potenzielle Kunden erneut auf das Produkt aufmerksam zu machen. Tatsächlich erzielt diese Methode mit die höchsten Werbeeinnahmen für Werbetreibende.

Facebook ermöglicht es, Retargeting bemerkenswert einfach zu gestalten. Nach dem Erstellen der Custom Audience „CA_Webseitenbesucher_Produkt_Test1“ (Kapitel „Custom Audiences“) kannst du deinen Kunden, welche zuvor deine Webseite besucht haben, mit Werbeanzeigen gezielt dasselbe oder ein ähnliches Produkt erneut vermarkten. Vielleicht bietest du diesmal einen Rabatt oder kostenlosen Versand an. Um meinen Retargeting-Post und das spezielle Angebot nur für Leute sichtbar zu machen, die bereits meine Seite besucht haben, erstelle ich für meine Retargeting Kampagnen einen Darkpost mit Linkbeitrag, welcher ein spezielles Angebot vermarktet, dass nur noch heute gültig ist.

Horizontal Skalieren durch LAA Audiences

LAA Audiences bieten dir eine weitere Möglichkeit der horizontalen Skalierung. Wie bereits besprochen, wertet Facebook die Daten der Besucher deiner Webseite oder deines Produkts aus und erstellt ausgehend von diesen Daten eine Lookalike Audience mit über 400.000 Mitgliedern. Erfahrungsgemäß funktionieren diese LAA Audiences länger und effektiver als Targeting nach Interessensgruppen. Hier gilt ebenfalls: Teste diese Werbeanzeige mit 5 € für 5 Tage und werte die Ergebnisse anschließend aus.

Nach Kampagnenziel skalieren

Neben der Möglichkeit der vertikalen und horizontalen Skalierung bietet sich ebenfalls die Möglichkeit, nach Kampagnenziel zu skalieren. Facebook kategorisiert Personen innerhalb einer Zielgruppe nach Personen, welche vermehrt online einkaufen (Conversion), auf Links klicken (Traffic Kampagnenziel), „Gefällt mir" Angaben und Kommentare abgeben (Interaktionen) und nach vielen anderen Kampagnenzielen.
Sobald du nun eine Conversion Werbeanzeige auf eine Zielgruppe von 100.000 Personen geschaltet hast, wird diese nur Personen in der Zielgruppe angezeigt, welche in der Vergangenheit bereits gewollt waren, einzukaufen. Beachtet werden muss, dass hierbei keine Personen erreicht werden, die zwar Interesse an dem Produkt hätten, von Facebook jedoch zur Kategorie „Traffic" oder „Interaktionen" gezählt werden. Aus diesem Grund kannst du parallel zu deinen erfolgreichen „Conversion-Werbeanzeigen" weitere „Traffic- und Interaktions-Werbeanzeigen" schalten.

Bonus: Retargeting über YouTube

Viele Online Marketer berücksichtigen nicht, dass Marketing auf verschiedenen Kanälen möglich ist. Sobald du das Potential hinter Retargeting erkennst, kannst du dir sicherlich vorstellen, wie profitabel das Retargeten der Kunden auf einer anderen Werbeplattform ist. Hierfür musst du dich lediglich bei Google AdWords anmelden. Da YouTube vor einigen Jahren von Google aufgekauft wurde, kannst du über die Google AdWords Plattform nicht nur Google Werbung, sondern auch YouTube Werbung schalten. Nachdem du erfolgreich einen Google AdWords Account kreiert hast, steht dir unter „Audience Manager" ein YouTube Pixel zur Verfügung, welchen du in den Quelltext deiner Webseite integrieren kannst. Diesen Pixelcode musst du im Vergleich zum Facebook Pixel durch Codierung einfügen. Hierfür öffnest du deinen Shop und bearbeitest den Code unter „Online Store – Themes – Edit Code". Je nach Theme musst du diesen Code in den Header hinzufügen, sodass dieser auf jeder einzelnen Seite integriert wird. Schaue dir speziell für dein Theme ein kostenloses YouTube Video an, schreibe dem Kundensupport oder stelle mir deine aufkommenden Fragen an info@aposvalley.de. Das restliche Werbeanzeigen-Interface von YouTube ist ähnlich wie beim Werbekonto-Manager von Facebook aufgebaut. Erstelle dein Werbevideo unter deinem YouTube Account und bewerbe diesen an die Custom

Audience Webseitenbesucher, welche du unter „Audience Lists“ erstellen kannst. Werbevideos deiner Produkte kannst du auf www.Fiverr.com oder www.upwork.com kreieren lassen. Retargeten auf YouTube für Shirts und physische Produkte ist im Vergleich zu Facebook konkurrenzlos und sehr billig.

Beispiel: Schritt für Schritt Skalierungsablauf

1. Werbeanzeige 1 für Produkt 1 ist profitabel.
(Nach 25 € Produkttest = vertikale Skalierung)
Ab hier gelten die Skalierungsregeln, welche im vorherigen Kapitel aufgeführt wurden oder die du per Email erhalten hast. Lerne, diese Regeln anzuwenden und richtig einzusetzen.

2. Horizontal Skalieren nach Interessensgruppen
Nachdem du die erfolgreiche Werbeanzeige 1 für Produkt 1 vertikal skaliert hast, kannst du neue Werbeanzeigen mit deinen verschiedenen Interessensgruppen, die du zuvor gebildet hast, veröffentlichen.

3. Retargeting Werbeanzeige
Schalte parallel zu deinen vertikalen und horizontalen Skalierungsanzeigen eine Retargeting-Werbeanzeige. Diese soll das Produkt erneut allen Webseitenbesuchern, die das Produkt nicht gekauft haben, aufzeigen. Implementiere in dieser Retargeting-Werbeanzeige ein spezielles Angebot oder eine Meldung, welche besagt, dass nun die letzten Produkte verkauft werden.

4. Werbeanzeige mit einer LAA Audience
Nachdem dein Facebook Pixel genügend Daten (1.000 Besucher +) über Produktbesucher und -käufer

gesammelt hat, kannst du deine erste LAA Audience Werbeanzeige zu diesem Produkt schalten. Diese wird meistens bessere Resultate als deine ursprünglichen Werbeanzeigen generieren. Deine LAA Audience wird außerdem mit jedem Kunden gezielter und verbessert sich Tag für Tag, sobald Kunden deinen Shop besuchen.

5. Skalieren nach Kampagnenzielen

Da du mittlerweile verstehst, wie man richtig skaliert, solltest du um die zehn Werbeanzeigen geschaltet haben. Von diesen skalierst du erfolgreiche Werbeanzeigen vertikal weiter und deaktivierst profitlose Werbeanzeigen. Weitere erfolgreiche Werbeanzeigen kannst du nun auch nach Kampagnenziel skalieren, um alle möglichen Personen der Interessensgruppe zu erreichen (*Traffic- & Interaktionen-Werbekampagnen*).

6. BONUS: Retargeting über YouTube

Insofern du über YouTube werben möchtest, ist es empfehlenswert, deinen YouTube Pixel parallel zu deinem Facebook-Pixel auf deiner Webseite zu integrieren. Nachdem dein YouTube Pixel genügend Daten gesammelt hat, kannst du dir ein Produktvideo kreieren lassen und dieses Video über YouTube bewerben. Retargeting mit YouTube ist vergleichsweise sehr billig.

11 RETOURENMANAGEMENT

Wenn es um das Thema Retouren geht, empfiehlt es sich, sich früh damit zu beschäftigen, um keine bösen Überraschungen zu erleben. Retouren definieren hierbei vom Kunden getätigte Rücksendungen. Das europäische Verbraucherrecht räumt Käufern weitreichende Optionen (bis hin zur Rückgabe)
ein. Es ist mittlerweile selbstverständlich geworden, im Internet bestellte Ware bei Bedarf einfach wieder zurückschicken zu können. Retouren sind im Allgemeinen selbstverständlich ein Ärgernis für Online-Händler. Diese müssen schließlich für Portokosten, verbrauchtes Verpackungsmaterial und den Arbeitseinsatz der Logistikmitarbeiter aufkommen. Darüber hinaus ist die Ware nach dem Zurücksenden oftmals keine Neuware mehr. Deshalb musst du für das Retourenmanagement eine klare und durchdachte „Verkauf und Rückerstattungen"-Seite entwickeln, welche die Rechte deines Käufers bei Rücksendungen beschreibt. Wähle hierfür die Option aus, welche am angenehmsten für dich ist. In meinen größeren Markenshops bitte ich meine Kunden, die bestellte Ware an meine Unternehmensadresse zurückzusenden. Nach Eingang der Ware erhalten die Kunden ihr Geld zurück. In einem anderen Shop erstatte ich das Geld, ohne dass die Ware zurückgesendet werden muss und bitte darum, die Ware an Hilfsbedürftige zu spenden.

„Dein Shop – deine Regeln“

Wie kannst du Retouren vermeiden?

- Vollständige Produktbeschreibung, um keine falschen Vorstellungen beim Kunden zu wecken

- Qualitativ hochwertige Produkte

- Hoher Kundensupport

- Bestelle deine meistverkauften Artikel nach Hause, um Verpackung und Qualität des Artikels zu überprüfen. Wechsle bei Bedarf zu einem anderen Lieferanten.

- Wähle nur Produkte und Lieferanten aus, die in der Vergangenheit viele Bestellungen erhielten, welche durchschnittlich mit 4+ Sternen bewertet wurden.

- Bonus: FAQ-Seite

Dir wird ziemlich schnell auffallen, dass deine Kunden immer und immer wieder dieselben Fragen stellen werden. Fertige aus diesem Grund eine FAQ-Seite an, welche die Fragen beantwortet, die du des Öfteren erhältst.

12 DIE BESTEN APPS FÜR DAS DROPSHIPPING

Verschiedenste Applikationen vereinfachen das Leben als Dropshipping-Unternehmer weitgehend. Shopify bietet hierbei eine große Auswahl an über 1200 Apps im App-Store an, um die Funktionalität deines Online-Shops zu verbessern. Wenn du das erste Mal mit Shopify arbeitest, kann dich diese hohe Bandbreite an Apps verunsichern. Durchforste den App-Store, doch bleibe so minimalistisch wie möglich. Im Folgenden erhältst du einen Überblick über sinnvolle Apps, welche ich in jedem Shop von mir integriere.

Oberlo-App

Diese App ist absolut notwendig, um Dropshipping mit AliExpress zu betreiben. Mit Oberlo kannst du problemlos hunderte von Produkten zu deinem Shop hinzufügen und musst dich nicht um Verpackung oder Versand kümmern. Seit der Firmengründung im Jahr

2015 haben Oberlo-Händler weltweit über 85 Millionen Produkte verkauft. Die Funktionalität und Integration wurde in den vorangehenden Kapiteln bereits erläutert.

Print-on-Demand App
Du kannst darüber hinaus für jeden Online-Shop eine PoD-App herunterladen, die automatisch Bestellungen deiner Kunden an deinen Print-on-Demand Anbieter weiterleitet. Dieser kümmert sich dann um Drucken und Versand des Shirts.

Product Reviews
Mit den Produktbewertungen von Shopify kannst du Kundenbewertungen zu deinen Produkten hinzufügen und dadurch das geschaffene Vertrauen in deinem Shop erhöhen. Außerdem bietet diese App deinen Kunden die Möglichkeit, sich mit dir auszutauschen oder untereinander Fragen zu stellen.

Mailchimp for Shopify
E-Mail-Marketing gehört stets zu den profitabelsten Marketingmethoden des Jahres. Der Mailinganbieter Mailchimp erstellte explizit für Shopify-Benutzer ein komplettes Interface, das Hand in Hand mit den Benutzern kooperiert und die Verwendung vereinfacht. Melde dich hierfür auf der Webseite von Mailchimp an und verbinde deinen Account mit der Shopify-App.

Order Printer
Durch diese App kannst du schnell und einfach Rechnungen, Etiketten, Quittungen, Lieferscheine und vieles mehr drucken. Du kannst Vorlagen für jeden Bedarf anpassen und erstellen.

EU Cookie Banner
Mit dieser App kannst du Cookie-Benachrichtigungs-Banner zu deiner Webseite hinzufügen. Diese sind nach DSGVO zwingend notwendig! Installiere einfach die App und wähle das Farbschema und die Bildschirmposition aus, welche zu deinem Shop passt.

Lucky Orange
Mit Hilfe von dieser App kannst du identifizieren, warum du wirklich Tag für Tag deine Kunden verlierst. Ich nutze Lucky Orange für Kundenaufzeichnungen, welche mir genau zeigen, wie sich Kunden auf meiner Seite verhalten. Folglich kann man, ausgehend von diesen Aufnahmen, die Webseite für eine höhere Conversion-Rate optimieren.

13 STEUERN UND GEWERBE

Du benötigst für deine Shops früher oder später eine Gewerbeanmeldung. Ich kümmere mich liebend gern um die Umsätze meiner Unternehmen und kreiere neue Produkte, Daten und Pläne. Doch ich bin nicht bereit, mich monatlich stundenlang vor meine Umsätze zu setzen und jeden einzelnen Steuerpunkt zu berücksichtigen. Aus diesem Grund habe ich, besonders nachdem ich die Grenze meines Kleingewerbes durchbrochen habe, die Dienste eines Steuerberaters beantragt. Im Folgenden erhältst du die nötigsten Tipps. Doch denke daran, dich stets mit einem Steuerberater in Verbindung zu setzen, da jede steuerliche Situation verschieden ist. Doch welche Vorteile bietet ein Kleingewerbe und ist dies überhaupt sinnvoll?

Wer sich für das Anmelden eines Kleingewerbes entscheidet, geht weniger Risiken ein als ein Gründer im Hauptgewerbe, der alles auf eine Karte setzt. Ein Vorteil dieser Konstellation ist, dass du weiterhin deine Sozialversicherung von deinem hauptberuflichen Arbeitgeber erhältst. Ein Kleingewerbe bietet für den Anfang zeitliche Flexibilität und verschafft die benötigte Zeit, um das ganze Geschäftsmodell kennenzulernen. Sobald der Umsatz eines Unternehmens im Vorjahr nicht höher als 17.500 Euro war und im laufenden Jahr 50.000 Euro nicht übersteigt, darf die Kleinunternehmerregelung in Anspruch genommen werden. Somit müssen keine Umsatzsteuer, Gewerbesteuer oder andere Unternehmenssteuern gezahlt werden. Achtung: Facebook und Google stellen Rechnungen ohne MwSt. aus, da diese Unternehmen davon ausgehen, dass Unternehmer die zusätzlichen Prozentanteile sofort in ihre Steuerklärung miteinbeziehen. Da du jedoch als Kleinunternehmer keine Mehrwertsteuer zahlen musst, zahlst du auf die Social Media Werbung zusätzliche Steuern und kannst diese nicht von deinen Umsätzen abziehen. *(Und ja, diesen Fehler machte ich anfangs auch!)*

Obwohl die Kleinunternehmerregelung Vorteile mit sich bringt, hast du ebenfalls Nachteile. Jeder Fall muss individuell betrachtet werden und ich empfehle dir, dich mit einem Steuerberater in Verbindung zu setzen und deine persönliche Situation auszudiskutieren.

14 FAZIT: DU BESTIMMTS ÜBER DEINEN ERFOLG!

In den vorangehenden Büchern händigte ich jedem einzelnen Leser eine persönliche Einladung zur Svalley Box aus. Svalley Box ist eine von mir erstellte 90-tägige Ausbildung zum E-Commerce Profi, welche nicht nur monatliche Videos beinhaltet, sondern auch eine Arbeitsbox am ersten, dreißigsten und sechzigsten Tag. Leider haben wir nicht mit diesem hohen Ansturm gerechnet und so füllten sich ziemlich schnell alle Plätze. Deshalb entschieden wir uns, eine monatliche Begrenzung einzuführen. Aus diesem Grund kann ich dir leider nicht versprechen, dass du nach dem Lesen bei Interesse einen Platz im Onlinekurs erhältst. Jedoch möchte ich dich stets auf dem Laufenden halten und dir die nächstmöglichen Termine und Anmeldezeiträume vorstellen. Hier ist deine persönliche Einladung zur Svalley Box:

www.svalleybox.de/dropshippingbuch

Ich möchte dieses Kapitel viel mehr dazu nutzen, um der ganzen Thematik des E-Commerce in die richtige Perspektive zu geben. Ich zog mit 17 Jahren von zu Hause aus, um meinen ersten Studiengang in einer naheliegenden Großstadt anzutreten. Die Vorfreude hielt sich in Grenzen, da ich aufgrund meiner Minderjährigkeit mit meiner Mutter zur Anmeldung gehen musste. Eins kann ich dir versprechen: Das war absolut keine „coole" Situation mit 17 Jahren. Wenige Wochen später brach ich, mit der Absicht mehr Erfahrung im Leben zu sammeln, meinen ersten Studiengang ab. Die Zahl der angefangenen und daraufhin abgebrochenen Studiengänge steigerte sich mit der Zeit auf drei. Viel Geld zu besitzen, kam mir seitdem ich von zu Hause ausgezogen bin, stets fremd vor. Ich hielt es zu dieser Zeit schlicht und einfach für unmöglich. Doch mit der Zeit wiederholten meine Mentoren in anderen Bereichen wie Persönlichkeitsentwicklung und Bodybuilding stets einen Spruch, welcher mir mein ganzes Selbstvertrauen für meine finanzielle Situation gab:

„Arbeite hart und intelligent. Vertraue auf den Prozess, denn der Erfolg wird kommen."

Geld zu verdienen, ist eine Fähigkeit, welche von allen Menschen erlernt werden kann. Jeder von uns hat ein persönliches Päckchen zu tragen und jeder von uns kann sich zum Schutz mit irgendwelchen Ausreden wappnen. Doch wir müssen uns selbst eingestehen, dass wir die volle Verantwortung darüber haben, welche Wunschresultate wir in unserem Leben erreichen. Jeder von uns hat es schwer. Jeder von uns hat persönliche Probleme. Doch es liegt komplett in unserer Verantwortung, diese Thematik in unsere Hand zu nehmen und Schritt für Schritt etwas zu ändern.
Ich möchte dieses Werk mit der Berg-Analogie abschließen, die mir im Laufe meiner Entwicklung immer und immer wieder geholfen hat. Falls du gerade durch eine schwierige Zeit gehst und der Weg hoffnungslos scheint, schlag dieses Buch auf und stell dir genau diese Situation vor:

Du besteigst gerade einen Berg. Die Spitze ist noch weit entfernt – sehr weit. Doch du gibst nicht auf. Du hast dich dein Leben lang auf diese Chance vorbereitet und du akzeptierst kein anderes Resultat als Erfolg. Wenn du müde bist, machst du eine Pause, doch du gibst nicht auf. Du sammelst deine Kräfte und begibst dich am nächsten Tag erneut auf deinen Weg. Irgendwann siehst du die Spitze vor dir. Sobald du geschafft hast, diesen Berg zu besteigen, erwartet dich pure Freiheit und eine Aussicht, von der du dein Leben lang geträumt hast. Du fühlst dich mächtig. Du fühlst dich stark.

Schaue noch einmal auf die Spitze – an dein Ziel: Was siehst du? Welches Resultat siehst du vor dir? Wie fühlt sich diese Freiheit für dich an? Ich möchte, dass du dir dieses Ziel vorstellst und dir selbst versprichst, dass du nicht aufhören wirst, bevor du dieses Resultat erreicht hast. Im weiteren Schritt möchte ich, dass du dein Ziel per Mail an mich sendest und auch mir versprichst, dass du alles Nötige tun wirst, um dieses Ziel zu erreichen. Meine Mail-Adresse ist info@aposvalley.de und ich freue mich, **dein persönliches „Warum“** zu lesen und auf jede einzelne Nachricht zu antworten!

Ich stehe dir bei Fragen jederzeit zur Verfügung und bedanke mich, dass du dir die Zeit genommen hast, dieses Werk zu lesen. Ich kann dir bereits jetzt versprechen, dass dich nicht nur sonnige Tage, sondern auch schwere Tage erwarten. Bleibe stets am Ball und gebe niemals auf!

Apo Svalley – *Dein online Geld verdienen Buddy*

BONUS #1: PRODUKTIVITÄT ERHÖHEN

DAS PROBLEM

Als Arbeiter bist du in den meisten Fällen darauf konzentriert, die Zeit so schnell wie möglich abzusitzen und daraufhin den Feierabend zu genießen. Angestellte könnten die Arbeitszeit über trödeln und würden am Ende des Monats ziemlich sicher immer noch ihren Lohn ausgehändigt bekommen.

Als Unternehmer zahlst du dich selbst aus und bist selbst für dein Zeitmanagement verantwortlich. Sobald du deine Zeit mit sinnlosen Aktivitäten verbringst, erhältst du am Ende des Monats eine niedrige bis hin zur keiner Auszahlung. Am Anfang meiner Karriere arbeitete ich 14 Stunden am Tag und erhielt keine grandiosen Resultate. Woran lag das? Ich fokussierte mich nicht hauptsächlich auf MMA (Money Making Activities), sondern verbrachte viel Zeit mit unnötigen Aufgaben. Aus diesem Grund habe ich dieses Kapitel für dich zusammengestellt. Außerdem fertige ich zusammen mit meinem Team momentan einen Tagesplaner explizit für Unternehmer und Selbstständige. Sobald dieser fertiggestellt ist, werde ich dir per Mail oder auf YouTube davon berichten!

*„Wichtig ist nicht, wie viele Stunden du **AKTIV** bist. Wichtig ist definitiv, wie viele Stunden du **PRODUKTIV** bist."*

TRICK #1: TAG IM VORAUS PLANEN
Du musst als eigenständiger Unternehmer deinen Tag im Voraus planen, um deine Produktivität erhöhen zu können. Ich empfehle dir, am Ende jedes Tages 30 Minuten einzuplanen, um dem darauf folgenden Tag in verschiedene Aktivitäten zu kategorisieren. Notiere dir deinen Tagesplan auf einem DIN A4 Papier und trage diesen im Laufe deines Tages stets mit dir. Im Folgenden siehst du einen Beispielstagesplan von mir:

- **ONE THING:** Was ist der „ONE THING" (Buchempfehlung: "The ONE Thing" von Gary Keller), welche du machen müsstest, um einen erfolgreichen Arbeitstag zu haben? Notiere diese Aktion ganz oben auf deinem DIN-A4-Blatt und kümmere dich am Anfang deines Arbeitstages direkt um diese Thematik. Wichtig hierbei ist, dass dein „ONE THING" eine Aktion deinerseits ist und kein spezifisches Resultat. Als Unternehmer hast du keine hundertprozentige Garantie, dass dein gewünschtes Resultat am nächsten Tag erreicht werden kann. Jedoch kannst du jeden Morgen aufs Neue aufstehen und geplante Aktionen erledigen. Sobald du die aufgeschriebene Aufgabe erledigt hast, kannst du deinen Tag als einen erfolgreichen Tag abstempeln! Beispiele:
    - Kapitel „Produktivität erhöhen" schreiben
    - Drei YouTube Videos drehen und veröffentlichen
    - Fünf Produkte in deinen Shop importieren

- **TAGESPLAN:** Notiere dir im Folgenden alle weiteren Aktivitäten deines Tages und plane diese in deinen Tag ein. Im Folgenden siehst du ein Beispiel für 6 von 7 Tagen meiner Woche. Früher habe ich es gehasst, früh aufzustehen. Doch im Laufe der Zeit wurde mir klar, dass sich meine Laune für den folgenden Tag dadurch erheblich verbesserte. Außerdem bereitet mich die Meditation und die Fitnesseinheit am Morgen mental für den kommenden Tag vor. Mir ist bewusst, dass viele Leser früher ins Büro gehen müssen, Kinder haben oder kein intermittierendes Fasten betreiben. Bearbeite diesen Plan und passe ihn an deinen Tagesrhythmus und deine Aktivitäten an. Der nachfolgende Tagesplan von mir gilt lediglich der Inspiration für deinen persönlichen Plan.

  - **4.30 Uhr: Aufstehen**
    - *Tipp: Mein nächster Wecker mit dem Titel „Meditation“ klingelt nach zwei Minuten, sodass ich keine Zeit habe, mich wieder ins Bett zu legen.*
  - **4.32 Uhr: Meditation** (10 Minuten)
  - **5.00 Uhr: Fitnessstudio** (2 Stunden)
  - **7.00 Uhr: Duschen, Kaffee** (30 Minuten)
  - **7.30 Uhr: Social Media und Einnahmen des vorherigen Tages ansehen** (30 Minuten)
    - *Tipp: Mein Smartphone befindet sich am Morgen im Flugmodus, sodass ich ohne Social Media und Benachrichtigungen über*

Umsätze in den Tag starte. Ich habe gemerkt, dass mich dieses Gefühl süchtig gemacht hat und meine Produktivität erheblich senkte.

- **8.00 Uhr: Arbeitsanfang**: Start mit meinem „ONE THING"
    - **Arbeitszyklus:** 1 Stunde Arbeit / 10 Minuten Pause / 1 Stunde Arbeit / 10 Minuten Pause...
    - **8.00 – 9.00: ONE THING**
    - **9.10 – 10.10: ONE THING**
    - **10.20 – 11.30: ONE THING**
    - .....
    - **15.00 Uhr: Erste Mahlzeit**
    - **15.30 – 16.30: AUFGABE 2**
    - **16.40 – 17.50: AUFGABE 2**
    - **18.00 – 19.00: AUFGABE 3**
- **19.00 Uhr: Zweite Mahlzeit, Feierabend, Zeit mit Freunden / Freundin, Entspannen & Lesen**
- **21.30 Uhr: Nächsten Tag planen** (20 Minuten)
    - *Tipp: Ab 21.30 Uhr schalte ich mein Smartphone auf den Flugmodus, um mich kurz vor dem Schlafen entspannen zu können.*
- **21.50 Uhr: Meditation** (10 Minuten)
    - *Tipp: Zusätzliche Entspannung und viele weitere Vorteile.*
- **22.00 Uhr: Schlaf** (6,5 Stunden)

TRICK #2: TIMER

Um deinen Tagesplan einzuhalten, kannst du jederzeit einen kleinen Timer mit dir tragen. Meine Arbeitszyklen teile ich immer und immer wieder in einstündige Abschnitte ein. Ich weiß zuvor, welche Aufgaben ich machen muss und konzentriere mich einzig und allein nur auf diese Aufgabe. Mein Smartphone ist im Flugmodus und ich lasse mich durch nichts ablenken. Falls ich erfolgreich war, notiere ich mir dies in meinem Tagesplan und mache mit der nächsten Lektion weiter. Der Timer hilft dir, deinen vollständigen Fokus auf einen Bereich zu lenken, während der Rest irrelevant bleibt. Für deinen Laserfokus, deine Disziplin und deine Willenskraft ist ein Teil deines Gehirns zuständig, welcher mit dem Namen „präfrontaler Kortex“ betitelt wurde. Diesen kannst du durch Meditation und gesunde Ernährung trainieren. Es wurde durch viele Studien bewiesen, dass dieser Teil des Gehirns mit erhöhter Disziplin in direkter Verbindung steht und trainiert werden kann.

BONUS #2: GEWINNE DURCH ZUSÄTZLICHEN VERKAUF VON T-SHIRTS ERHÖHEN

Da die Marketingprinzipien sehr ähnlich sind, kannst du neben dem Verkauf von Dropshipping Artikeln ebenfalls T-Shirts in deinem Shop anbieten. Dies wurde in diesem Werk des Öfteren erwähnt. Im Folgenden erhältst du eine Kurzanleitung zum Designen von Shirts. Alternativ kannst du meine anderen, ausführlicheren Werke zum Thema unter www.aposvalley.de/buecher ansehen oder kostenlose Informationen auf meinem gleichnamigen YouTube Channel „Apo Svalley" erhalten. Außerdem drehe ich tägliche Vlogs und Videos zu den Themen Geld verdienen, Persönlichkeitsentwicklung, gesunde Ernährung zur Energiesteigerung und vieles mehr. Es war schon immer ein kleiner Traum von mir, YouTube Videos zu drehen um damit meinen Mitmenschen zu helfen. Schaue gern vorbei und hinterlasse mir deine Meinung.

Schritt 1: Nische und Online-Shop sind durch das Dropshipping bereits ausgesucht und fertiggestellt

Schritt 2: Attraktive Shirt-Designs heraussuchen
Eine detaillierte Produktrecherche ist äußerst wichtig. Google nach Webseiten in deiner Nische und lasse dich von den vorhandenen T-Shirts inspirieren. Notiere dir hierbei die besten Ideen. Alternativ kannst du auch auf Konkurrenzwebseiten nach vorhandenen T-Shirts Ausschau halten und ausgehend davon deine Wunschdesigns kreieren.

Schritt 3: Designs kreieren lassen und Produkte hochladen
Du kannst für wenige Euro ein Design kreieren lassen oder einen Designer bezahlen, der qualitativ hochwertige Arbeit leistet. Die Kosten für ein Design auf der Webseite von „Fiverr" betragen wenige Euro. Viele Konkurrenten greifen auf diese Designs zurück, was absolut nicht empfehlenswert ist. Den einfachsten Weg, um freiberufliche und gut arbeitende Designer zu finden, bietet das Freelancer Portal „Upwork". Alternativ kannst du auch deutschsprachige Freiberufler/ Designer auf „eBay Kleinanzeigen" oder in Facebook-Gruppen von lokalen Universitäten finden. Nachdem du dein Wunschdesign an deinen Designer weitergeleitet hast, wird dir dieser nach der Vollendung des Designs eine fertige .png Datei zukommen lassen, die du in deinem Shop hochladen kannst.

Mein aktueller Shopify Print-on-Demand Partner:

www.aposvalley.de/podpartner

Schritt 4: Facebook Ads kreieren und managen
Das Marketing durch Facebook ändert sich nicht. Der Test mit 5 € für 5 Tage und die darauffolgende Skalierung bzw. Deaktivierung bleibt gleich.

BONUS #3: DEIN ERSTER VERKAUF

Da der erste Sell der schwierigste Verkauf ist, schließe ich noch ein kostenloses Bonuskapitel am Ende des Buches an. Falls du keinen ersten Verkauf erzielst, blättere auf diese Seite zurück und lies dir jeden Punkt in Ruhe durch. Wo liegt dein Fehler?

Fehlendes Kundenvertrauen in deinen Onlineshop

Der erste Eindruck zählt! Deine potentiellen Kunden sehen die Werbeanzeige deines Unternehmens auf Facebook. Insofern du noch keine Marke aufgebaut hast, gelangen sie auf die Webseite und das Erste, was ihnen auffällt, ist das Farbschema und dein Logo. Kombiniere dein Farbschema mit deiner Nische, sodass unterbewusst eine Verbindung entsteht. Bezahle im weiteren Schritt einen professionellen Designer zur Herstellung eines Logos. Dies kostet zwischen 20 – 50 €. Außerdem kannst du in den Header eine Telefonnummer oder E-Mail-Adresse einfügen. Dadurch bekommen Kunden das Gefühl, nach ihrer Bestellung jederzeit Kundensupport erhalten zu können. Eine ausführliche FAQ-Seite erhöht außerdem die Conversion-Rate.

Keine nachgefragten Produkte und keine konsequenten Uploads

Ein weiterer Grund ist das Fehlen von nachgefragten Produkten. Durch nicht konsequente Produktuploads rückt dein erster Sell von Tag zu Tag in die Ferne. Baue dir ein Arbeits-Momentum auf und setze dir am Anfang der Woche ein Ziel, wie viele Produkte du während der Woche veröffentlichen möchtest. Außerdem lassen sich Produkte ohne einen Bedarf am Markt und ohne ein entsprechendes Interesse bei den Verbrauchern nicht verkaufen. Wenn du eine aussichtsreiche und bisher nur wenig besetzte Nische findest, erhöhen sich deine Chancen, deinen ersten Verkauf leichter zu tätigen.

Werbeanzeigen werden zu früh gecuttet

Dieser Punkt wird zum zweiten Mal erwähnt. Viele Anfänger machen den Fehler, dass sie wenige Euro in eine Werbeanzeige investieren und daraufhin enttäuscht sind, dass kein Verkauf zu Stande gekommen ist. Habe realistische Erwartungen an deine Werbeanzeige.

Ungenaues Targeting

Sobald all die vorangegangenen Fehler behoben worden sind, kann es nur noch am Targeting liegen. Hierzu habe ich diesem Buch ein komplettes Kapitel gewidmet. Es ist wichtig, dass du über deine Facebook Werbeanzeigen die richtige Zielgruppe anvisierst. Bevor du ein Produkt hochlädst, stelle dir bildlich vor, wie dein potentieller Käufer aussieht. Suche auf Google womöglich ein potentielles Bild deines Kunden aus. Nach deinen ersten Verkäufen verstehst du das Prinzip des Online Marketings immer mehr. Du musst nicht gut sein, um zu starten, doch du musst starten, um irgendwann gut zu sein.

BONUS #4: GELD REINVESTIEREN – DAS DNT KONTO

Dies ist der wichtigste Tipp für herangehende Selbstständige und Unternehmer. Wenn du mit der Zeit anfängst, zusätzliches Einkommen aufzubauen, kannst du einen Bruchteil deiner Einnahmen für Reinvestitionen nutzen. Viele erfolgreiche Unternehmer empfehlen, einen Bruchteil der Einnahmen auf ein separates Bankkonto zu überweisen, welches ich zu meinem „Do-Not-Touch (DNT)“ Konto taufte. Mit diesem Geld hast du zukünftig mehr Freiraum in Bezug auf die Gründung von weiteren Unternehmen oder in Bezug auf lukrative Investitionsmöglichkeiten. Jeden Monat zahle ich einen gewissen Betrag auf dieses Konto ein und fasse dieses Geld auf keinen Fall an - nicht für schwere Zeiten, nicht für den Kauf meines neuen Autos, Urlaubs oder Sonstigem. Dieses Geld gilt einzig und allein einem Ziel: Richtige und lukrative Investitionen tätigen, sobald die Zeit dafür kommt!

Schmerzhaft ist es, eine Investitionsmöglichkeit zu sehen, welche man aufgrund von zu wenig Kapital nicht wahrnehmen kann. Insofern du durch dein neues Unternehmen monatlich „nur“ 1.000 € auf dieses Konto überweist, ergibt dies innerhalb von 12 Monaten ein Investitionskapital von 12.000 €. Ich habe im Frühling 2017 eine Investition von 8.910 € in Ether (Kryptowährung) getätigt, welche mir bis dato einen Gewinn von über 705 % erbrachte. Dies war nur eine von vielen Investitionsmöglichkeiten, welche das Jahr 2017/2018 mit sich brachte. Einerseits ist es wichtig, Geld zu verdienen (Cashflow), doch andererseits kannst du dein Einkommen weiter ausbauen, indem du lukrative Nebeneinkommen besitzt (Investments).

ALLE LINKS AUF EINEM BLICK

Skalierungstabelle zum Download
www.aposvalley.de/Skalierung

Liveverfolgung deines Online Shops
www.aposvalley.de/livesells

Alle Bücher von Apo Svalley auf einem Blick
www.aposvalley.de/buecher

Einladung zur Svalley Box
www.svalleybox.de/dropshippingbuch

Social Media Apo Svalley - Facebook/Instagram/YouTube
@aposvalley

ANERKENNUNGEN

Das erste Mal wurde mir mit 18 Jahren bewusst, dass ich so schnell wie möglich Verantwortung über meine finanzielle Freiheit übernehmen muss. Zu dieser Zeit arbeitete ich wochenlang auf Palma de Mallorca, Spanien. Zum Anfang meines 20. Lebensjahres entschied ich mich dazu, mich vollständig auf Online Marketing zu konzentrieren. Ich denke manchmal an meine 1-Zimmer Wohnung in München. Ich erinnere mich an sehr viele positive und auch anstrengende Tage zu dieser Zeit – nicht weil ich finanzielle Probleme hatte, sondern viel mehr die Tatsache, dass ich mir selbst zu viel Druck machte und nicht entspannen konnte, bevor ich ein spezifisches Ziel erreicht hatte. Ich danke besonders meinen Eltern, die mich auf diesem Weg tatkräftig unterstützt haben, auch wenn sie das eine oder andere Mal die Hoffnung an meine Karriere aufgegeben haben (besonders als ich jahrelang im Ausland lebte). Ohne euch wäre ich nicht in der Situation, nun anderen Menschen zu helfen. Einen weiteren Dank richte ich an meine Freundin, die mir beim Aufbau meiner unternehmerischen Tätigkeiten stets geholfen hat und immer für mich da war Ähnlich wie Arnold Schwarzenegger möchte ich mich ebenfalls bei all meinen Mentoren bedanken, die mich auf meinem Weg im Online-Marketing unterstützt haben. Dazu zählen vor allem Tai Lopez, Gary Vaynerchuck und Grant Cardone. Ihr seid eine große Inspiration für mich.

ÜBER DEN AUTOR

Apo Svalley ist ein deutscher Online Marketer, YouTuber und Businessautor. Sein Coaching spezialisiert sich in erster Linie darauf, Privatpersonen und auch Unternehmen in den Bereichen Online-Marketing, profitable Investments und finanzielle Freiheit auszubilden. Nachdem Apo jahrelang stets unter Geldnot die Welt bereiste, entschied er sich im Alter von 20 Jahren seine unternehmerischen Gedanken Realität werden zu lassen. Seitdem gründete und verkaufte er verschiedene Online-Unternehmen, darunter eine Marketingagentur und diverse Online-Shops.

„Meine Anfangszeit war geprägt voller Enttäuschungen! Ich bin kein Genie – ich bin nur ein Mann, der alle möglichen Fehler gemacht hat, die du dir überhaupt vorstellen kannst und doch habe ich nie aufgegeben. Ich habe volles Verständnis dafür – Ja, es motiviert mich sogar - wenn eine Person nach der eigenen finanziellen Freiheit strebt. Geld zu verdienen wird uns leider nicht in der Schule gelehrt. So ist es nicht unsere Schuld, dass wir jahrelang nicht die gewünschten Ziele erreichen, die wir uns vornehmen. Ich habe mir nach meiner finanziellen Freiheit die Aufgabe gemacht, den Menschen etwas zurückzugeben und Interessierte in diesem Bereich zu coachen.“

40798837R00121

Printed in Poland
by Amazon Fulfillment
Poland Sp. z o.o., Wrocław